中日贸易食品安全法律问题研究

ZHONGRI MAOYI SHIPIN ANQUAN
FALÜ WENTI YANJIU

王　怡◎著

知识产权出版社
全国百佳图书出版单位

图书在版编目(CIP)数据

中日贸易食品安全法律问题研究 / 王怡著 . —北京:知识产权出版社,2018.4

ISBN 978-7-5130-5514-7

Ⅰ.①中… Ⅱ.①王… Ⅲ.①食品卫生法—研究—中国②食品卫生法—研究—日本

Ⅳ.①D922.164②D931.321.6

中国版本图书馆 CIP 数据核字(2018)第 068629 号

责任编辑:唱学静   责任校对:谷 洋

封面设计:申 彪   责任出版:孙婷婷

中日贸易食品安全法律问题研究

王 怡 著

出版发行:**知识产权出版社**有限责任公司	网 址:http://www.ipph.cn
社 址:北京市海淀区气象路50号院	邮 编:100081
责编电话:010-82000860 转 8112	责编邮箱:ruixue604@163.com
发行电话:010-82000860 转 8101/8102	发行传真:010-82000893/82005070/82000270
印 刷:北京虎彩文化传播有限公司	经 销:各大网上书店、新华书店及相关专业书店
开 本:720mm×1000mm 1/16	印 张:12.75
版 次:2018 年 4 月第 1 版	印 次:2018 年 4 月第 1 次印刷
字 数:195 千字	定 价:58.00 元
ISBN 978-7-5130-5514-7	

前　　言

随着全球食品贸易的高速发展，食品安全问题对国际贸易发展的决定性作用已被广泛认可。在中日贸易中，食品贸易又是极其重要的部分。由于科学的进步，食品生产、加工技术的发展，包括食品添加剂的层出不穷，加之化学药剂、肥料的广泛使用等，导致全球食品安全事件频发。中日两国人民的食品安全意识日益增强，食品安全问题也成了影响中日食品贸易的主要因素。在食品安全准入标准上，日本所制定的标准远远高于国际标准。在食品安全检验检疫上，中国国内一些食品生产加工企业或因生产环境和生产工艺的落后，对农药、兽药和食品添加剂的滥用，导致出口食品难以通过日方的检验检疫。在食品安全监管上，中国一些食品企业利用食品安全监管体系上的漏洞，利用非法途径生产、加工食品，以次充好的现象也屡见不鲜。而自2011年3月11日日本大地震导致东京电力公司福岛核电站发生核泄漏事故后，由于对震区及附近区域生产加工食品的安全性产生了极大的担忧，与日本有食品贸易往来的国家及地区也相继停止了对福岛及周边五县生产加工食品的进口。核辐射食品成为中日贸易食品安全面临的新挑战。中日贸易食品安全准入标准，食品安全检验检疫和食品安全监管这几方面的问题日渐凸显，对其产生的原因进行分析，寻找问题的解决途径是本书的写作重点。

本书的主要内容共分为六章。

第一章，中日贸易食品安全法律问题概述。该部分从食品安全与国际贸易的关系入手，对食品及食品安全进行了概念界定，梳理了中日贸易食品安全问题的缘起与发展，并进一步分析了问题产生的背景因素。为下文的进一步开展做好铺垫。

第二章，中日贸易中食品安全法律问题的成因分析。该部分从中日贸易食品安全准入标准问题、检验检疫问题和食品安全监管问题入手，对中日之间的食品安全法律问题之成因进行了深入分析。在外部因素上，主要存在监管理念上的差异，食品安全管理制度上的差异和对贸易中食品安全问题解决手段的不足等。在内部因素上，源于中国近些年食品安全事件的频发，在WTO争端解决机制的合理应用上存在问题等。

第三章，中日贸易食品安全准入标准法律问题。该部分首先以中国输日菠菜的农药残留超标事件为例，就食品安全准入问题进行了案例分析，总结其特点和涉及的焦点部分。并从日本不断升级的食品安全准入标准，修法高筑食品贸易壁垒等外部因素和两国农药管理制度差异等内部因素两方面进行论述，进而探讨问题的解决途径。

第四章，中日贸易食品安全检验检疫法律问题。该部分以中国产禽肉被检测出禽流感事件为例，就食品安全检验检疫问题进行实证分析，并进一步挖掘问题产生的原因，从同一检测标准，建立检验检疫合作机制，完善第三方检测认证机制等几方面探讨了问题的解决。

第五章，中日贸易食品安全监管法律问题。该部分以"毒饺子"事件引入食品安全监管问题并对之进行了实证分析，分别从监管制度和监管模式上的差异分析了问题的成因。最后，提出在食品安全监管体系的完善和风险管理机制的建立等方面寻求问题的解决途径。

第六章，中日贸易食品安全法律问题解决之展望。该部分首先论述了如何以WTO争端解决机制来解决两国贸易中的食品安全问题。接下来分析了多哈回合农业谈判和中日韩自由贸易区谈判对食品安全问题解决的影响。最后提出了中国应对中日贸易食品安全问题的策略。

目 录 *CONTENTS*

第一章　中日贸易食品安全法律问题概述

中国和日本在经济贸易上的密切度直接导致了对彼此的依赖性增大，由此容易使双方在食品贸易上的争议增多。涉及的贸易食品安全法律问题不仅涉及对食品安全的界定和规制规则的释义，也关系两国政治、经济的发展。

第一节　食品安全与国际贸易

随着食品贸易全球化进程的加快，食品贸易体系内部也发生了重大改变。在全球范围内，由于食品生产模式的转变，其生产的密集化、产业化以及对食品加工新兴技术运用的多样化，都引起了民众对食品的生产环境和其安全性的持续关注。[1]

一、食品安全的界定

根据国际食品法典委员会（CAC）对食品的定义，食品在广义上包括加工食品、半成品和未加工食品等供人类饮用或食用的物质。化妆品、药品和烟草一般不包含在内。而各国为了便于对国内食品安全进行监管，对食品的定义都有所不同。总的来说，都认为食品在形态上包括了固体和液体，成品和半成品。

目前，国际上对食品安全并没有一个统一的标准，现有规则主要由诸如国际标准化组织（ISO）、联合国粮农组织和世界卫生组织下属的国际食品法典委员会等国际标准组织制定，各国参照执行。[2] 对于食品安全的理解，当今社会的主流趋势为：在食品贸易中，可能造成疫病传播的食品及其他威胁生态安全的食品，都会带来食品安全问题。

"食品对人类健康的危害主要来自包括微生物、化学性有害因素和新技术带来的对人类健康形成的潜在威胁，加之食品的异地生产、加工和销售形式的多样化，为食源性疾病的传播创造了有利条件。"① 因此，食品安全面临着因食品工业的发展及食品贸易的全球化等多方面因素带来的挑战。食品中的化学物危害可能导致一些急性疾病，而食品添加剂、农药与兽药残留、环境污染物更可能对公众健康带来长期的风险。自 2001 年来日本确认了第一例疯牛病（BSE）开始，禽流感、"毒菠菜"等接连不断的食品问题使得中日两国政府对食品安全的管理体制进行了重新思考和调整。为了重塑人们对食品安全的信心，两国政府都加强了对食品安全的立法和管制措施。这也对中日食品贸易产生了深远的影响。

二、食品安全与国际贸易的关系

随着全球食品贸易的高速发展，新出现的食源性风险、跨国食品安全恐慌，以及农药的不当使用、食品添加剂和食品性病原体的污染，使公众对健康保护的期望不断加强。一些发达国家为了维护本国国民的身体健康和安全，以及出于对动植物和环境的保护，对进口食品实行了一系列强制性标准和卫生检验检疫措施。总体来说，所采用的强制性标准和检验检疫措施主要分为三个层面：一是国际法规和公约中的标准；二是高于国际法规和公约中标准的标准；三是当国际法规和国内法都没有相关规定时所采取的临时措施。这些标准与检验检疫措施虽然保护了进口国的贸易利益，起到了限制甚至禁止不安全食品进入本国的作用，但如此一来，出口国就得承担额外的成本和费用，加重了出口国的负担。因此，当出口国对进口国所实施的标准或检验检疫措施提出异议时就易引发贸易争端。

食品安全问题对国际食品贸易的影响主要是通过各国的食品安全贸易措施的形式来实现的。技术性贸易壁垒（Technical Barriers to Trade，TBT）就

---

① 食源性疾病（Food-borne disease）：是指通过摄食而进入人体的有毒有害物质（包括生物性病原体）等致病因子所造成的疾病。一般可分为感染性和中毒性，包括常见的食物中毒、肠道传染病、人畜共患传染病、寄生虫病以及化学性有毒有害物质所引起的疾病。

是通过对技术规范、标准以及合格评定程序的建立来限制国外产品的进口，达到贸易壁垒的作用，以此保护本国的相关产业。譬如，日本是目前通报TBT新措施最多的国家之一。由于其国内关于食品安全保障的法律、法规相当完善，因此对从食品出口国的食品进口设立了较高门槛。其制定的相关法律对进入本国的食品实施了近乎苛刻的检验检疫制度，而且检验检疫标准也不断进行着调整，增加了检验手段的随意性，也强化了对本国食品产业的保护。此外，很多发展中国家因难以达到日本所设定的质量标准以及食品包装要求，加工食品进入日本市场也困难重重。为了克服日本的技术性贸易壁垒所增加的费用大大降低了出口国相关产业的竞争力。

由此可见，国际贸易中的食品安全问题不仅会给出口国带来重大经济损失，也易被进口国当作实行贸易保护主义的借口，对全球食品贸易带来不良影响，阻碍国际贸易的自由化发展。

三、有关食品安全的国际性协议

在WTO成立前的关贸总协定（GATT）中就开始对国际贸易中的食品安全做出了规定。如GATT第二十条（b）项就允许成员方为了保护人类及动物的生命健康采取必要的措施。此条也成为国际食品贸易中用于保护成员方利益的国际法依据。GATT第二十条（b）项虽有一定的合理性，但由于其措辞比较模糊，对具体的标准界限不明确，实际操作性不强，[3] 各成员方在援引此款时又往往是以本国或本地区所采用的标准为基础，容易引发贸易争端。随着国际食品贸易中涉及食品安全的问题不断增多，此条款已经远远不能满足需要。在WTO多边谈判的进程中，形成了另外两个涉及国际贸易中食品安全问题的协议：《技术性贸易壁垒协定》（TBT协议）和《实施动植物卫生检疫措施的协议》（SPS协议）。这两个协议不仅为成员方落实GATT第二十条（b）项中的"必要措施"提供了直接的法律支持，同时也对成员方所采取的措施起到了一定的制约性。

（一）TBT协议与SPS协议对食品贸易的规定

TBT协议与SPS协议相较于以往的框架性协议，对WTO各成员方具有一定的约束力，如一方成员违反，或受到不公正待遇时，可通过 WTO 争端解决程序来进行纠纷解决，以维护自身的利益。协议中有关国际贸易中食品安全的内容也有助于促进各国国内法的进一步完善。[4]

总的来看，TBT 协议与 SPS 协议并不是专门针对国际贸易中的食品安全问题。但其中包含了有关食品安全的相关内容。譬如 SPS 协议就规定了食品贸易中各成员方所采取的技术性法规和标准。鉴于成员方中发达国家与发展中国家在经济水平和法律制度的完善度上都有很大的差异，对于国际贸易中食品安全的评判标准也会有所不同。具体以哪一种标准为基准，对食品贸易的影响才会降到最小，TBT 协议和 SPS 协议对此问题进行了一系列的规定，以此来保障食品贸易的顺利进行。

1. TBT 协议的规定

TBT 协议正文涉及了对国际贸易中食品安全的技术性法规和标准、合格评定程序、食品贸易中的技术性援助和争端解决等方面的规定。而在食品安全的核心内容——技术性法规和标准这一章，又着重强调了对各成员方应遵循的要求。

第一，在食品贸易中采取技术性措施时，各成员方对进口产品的待遇不能低于本国内部相似产品，且不可在具有类似情况下的国家间构成歧视。即进口国对进口食品的技术性法规和标准，以及合格评定程序方面都不能和本国相似产品进行区别对待，对于不同进口国之间也不能有歧视性待遇。

第二，在技术性贸易壁垒方面，越来越多的发达国家利用其经济和技术上的优势，对进口食品实行严格的检验检疫程序。TBT 协议规定了各缔约方对技术性法规的制定和各缔约方对技术性法规的制定和采用以不给国际贸易造成不利影响为前提。"此规定虽然并不是为食品贸易而专门设计的，但广泛运用于国际贸易中，这就为出口食品遭到进口国的技术性贸易壁垒时的处理提供了法律依据和救济方式。"①

第三，在标准的制定上，协议要求各缔约方政府应遵循国际标准的要求，并参与国际标准的制定。在选择和实施相关技术性措施时，尽可能地以现有

---

① 详见《技术性贸易壁垒协定》第二条第二款、第五条第二款第（三）项和第（六）项。

国际标准为基础，以此避免各国间在标准上的差异而造成贸易纠纷。在参与国际标准制定时，除了所制定标准外，还涉及指南、合格评定程序的制定工作。① 在国际上有了统一的标准，以此为参照，相当程度上提高了其预见性。

第四，由于技术性法规自身比较复杂，要使各缔约方在一些技术细节上达成统一的标准困难很大。在实施上，也会因为各国在经济、政治等方面的客观环境因素上的不同而存在差异。因此，协议要求，如其他成员方的技术性法规能够达到与之相同的合法目的，即使与自己的法规有所不同，该缔约方也应考虑接受其为同等效力的法规。② 该条款主要是为了杜绝某些发达国家以一些微量元素的残留检查等技术性问题的复杂性为借口，阻碍食品的进口。

第五，在食品的合格判定程序上，协议规定了一条原则予以各缔约方进行协调：如果其他成员方的合格评定程序能达到相同的合法目的，那么该缔约方应接受此项合格评定程序所得出的结果。③ 此条避免了因检验检疫上的重复测试、验证和认证所构成的贸易壁垒。因为食品本身的特殊性，特别是生鲜水果、蔬菜的保质期有限，如果合格评定程序的时间过长，将直接影响到产品的质量。由此也容易造成出口国和进口国的贸易纠纷。对此，协议强调公开透明原则。必要时应提供协助和咨询，以便帮助各缔约方的出口企业了解其内容，遵循进口国的标准，避免贸易争端。

综上，TBT协议在技术性法规和标准上的相关规定都属原则性规定，在操作过程中还存在较多难题。在各缔约方援引此项协议作为依据时仍然有很多不利因素。由于发达国家与发展中国家在技术、经济水平上的差距，发展中国家往往难以达到发达国家所制定出来的技术性标准和实施措施。

---

① 这一原则主要表现在《技术性贸易壁垒协定》的前言中：技术标准和合格评定程序的基础性地位，强调认识到国际标准和合格评定体系可以通过提高生产效率和便利国际贸易的进行从而为国际贸易做出贡献，因此各成员方期望鼓励此类国际标准和合格评定体系，同时期望保证技术法规和标准，包括对包装、标识和标签的要求以及对技术法规和标准的合格评定程序不会对国际贸易造成不必要的障碍，减少和消除贸易中的技术性贸易壁垒。

② 详见《技术性贸易壁垒协定》第二条第七款。

③ 详见《技术性贸易壁垒协定》第六条第一款。

2. SPS 协议的规定

相较于 TBT 协议，在具体实施过程中，SPS 协议的规定更具有可操作性，"在对技术法规和标准的规定上主要体现在科学证据原则、国际协调原则和风险评估及保护原则中"。[5]

（1）科学证据原则

SPS 协议第二条第二款规定："各成员方在实施对动植物卫生检验检疫措施时，必须以科学原理为依据，不得超越为保护人类、动植物的生命健康的必要程度。如缺少相关科学依据则应当停止继续实施。"该条要求 WTO 成员方须以科学依据为基础采取相关措施，否则应停止或不能实施相关的卫生与植物卫生措施。另外，SPS 协议第五条第二款的规定："科学理论依据也同样适用于风险评估。"该原则的例外情况在第五条第七款中得到体现："当科学理论依据不充分时，一方成员方可根据包括国际组织或其他成员方所掌握实施的相关卫生检验检疫信息，采取临时的措施。在此情况下，为了风险评估的客观性，各成员方应及时搜寻其他必要的信息予以补充，并在合理期限内对动植物卫生检验检疫措施进行评价。"该条主要说明了在临时情况下的卫生检验检疫措施所必需的几个条件。这些条件需同时具备，缺一不可。但是从对转基因食品、BSE 的检查来看，各国都有不同的考虑。国际机构在规格、基准的制定上，对于争议较大的地方其实很难将其作为依据。此外，随着科学技术的发展，会有很多新型的食品安全事件发生，一些国家在这些新型食品安全问题的应对上尚且各执一词，意见难以统一。

（2）国际协调原则

SPS 协议第三条第一款规定："为了协调动植物检验检疫措施，除了本协议中另有规定外，各成员方应以国际标准或相关建议为国际法依据。"该条款明确规定了在动植物卫生检验检疫时应采取的基准，同时要求各成员方尽量参与到相关国际组织或其附属机构中去。这样对于动植物检验检疫措施的协调起到了一定的促进作用。该条款中提及的相关国际标准、准则和建议的定义在附件 A 里面也有标明。例外规定中指出，如一成员方所实施的检验检疫标准高于国际标准，必须是以 SPS 协议中所规定的风险评估为基础或有其他的科学理论依据。且只有国际食品法典委员会等国际组织所制定的国际标准才能作为 SPS 协议的参考。除此之外，这些组织在 WTO 争端解决程序中，还可为专家组提供参考意见。国际协调原则其实是基于对各成员方在采取检验检疫措施时对援引的依据以及例外情况做了相关规定来以此达到进出口国协调一致的效果的。

(3) 风险评估及保护适度原则

风险评估及保护适度原则源自 SPS 协议第五条。该条确定了风险评估和动植物卫生保护水平，其作用在相关的食品贸易争端中显而易见。特别是关于风险评估，此条分别从其定义、评估时应考虑的因素和采取保护措施时应考虑的因素这几个方面进行了较为详细的规定。

风险评估在 SPS 协定附件 A 中被定义为："对食品进口时，用动植物检验检疫措施来对病虫害的传入、传播的可能性以及潜在的不良后果所进行的评价。或是对进口食品中存在的添加剂、污染物质及毒素等有可能对人体或动植物的生命健康造成的危害进行评价。"根据本条对风险评估的定义，可以将风险的来源归结于两大类。一是来自于"病虫害或疾病"，另一种是来自于"食品添加剂、污染物"的风险。而对于第一种的风险评估还需要评价其带来的经济上和生物上的不良后果，而后一种则可忽略。

在进行风险评估时所需要考量的因素主要包含技术和经济上的可行性问题，并且还要保证该措施不应高出采取动植物卫生检验检疫保护水平。在此基础之上，还须考虑到因"病虫害或疾病"的传入对食品的生产、流通所造成的可能的影响，以及如采取其他方式来对此风险进行调控可能增加的实际支出，等等。不过，在这里需要对适当保护水平和适当的卫生检验检疫措施这两个概念进行区分。实际操作中是根据保护水平来决定采取的保护措施，而不能由保护措施来评价其保护水平的高低。

(二) 对 TBT 协议与 SPS 协议的评析

首先，TBT 协议与 SPS 协议相互之间存在着一定的关联。在 SPS 协议之前，TBT 协议囊括了大部分有关于食品卫生检验检疫和动植物检验检疫的相关内容。两者都强调了各缔约方在信息透明度和国际贸易中的食品卫生安全。[6] 两者的不同之处在于 TBT 协议涉及的范围相对较广，除了食品贸易，还包括其他性质的国际贸易，所有涉及技术性法规和标准的内容都包含其中。而 SPS 协议则主要是针对食品贸易中的如食品卫生检验检疫等食品安全问题相关的内容。

其次，两协议对各成员方在通过技术性措施的实施来确立适当保护水平以及确保该措施的限度不会对国际食品贸易造成不良影响上都进行了明确规定。[7]这也符合 WTO 各成员方在制定协议时所期待的在采用技术性手段维护本国（地区）利益的同时，维持全球贸易的开放性和公平性的愿景。从长远来看，其目的在于对技术性手段的规范和制约，减少国际食品贸易中的争端，消除因技术性法规和标准而制造的贸易壁垒。

在协议的实际应用上，虽然 TBT 协议和 SPS 协议都为国际食品贸易中的争议双方所广泛应用。但由于 TBT 协议涉及范围较广，所规定的原则性的条款较多，往往在争端解决中更多地被引用来作为抗辩理由。而 SPS 协议往往作为最终的争端解决的国际法根据。究其原因，主要还是 SPS 协议比 TBT 协议在规定上更为细化，对概念的定义上也更为明确。TBT 协议虽然涉及范围广、技术性强，但这也成为其弱点。加之协议中对相关概念的定义比较模糊，也形成了操作过程中的阻碍因素。[8]自 SPS 协议生效以来，已经有相当数量的食品贸易纠纷是根据争端解决谅解（DSU）所规定的专家组和上诉机构审理的全过程。譬如荷尔蒙案、鲜鱼案①以及编号为 WT/D576 的美国诉日本影响农产品措施案。

第二节 中日贸易食品安全问题的缘起及发展

中国加入世界贸易组织之前中日食品贸易争议的形式主要是日本对出口食品采取保障措施调查，基于食品安全而引发的问题在那时还不是特别突出。而中国加入世界贸易组织后的中日食品贸易争议绝大部分都是围绕食品安全问题的。

---

① 此案件为秘鲁诉欧共体禁止秘鲁使用沙丁鱼案，案件的专家组于 2002 年 5 月 29 日首次以适用 TBT 协议的条款作为裁决的根据，同年 9 月 26 日，上诉机构维持了专家组的裁决。

一、中日贸易食品安全问题的缘起

中国加入世贸组织之后，中日贸易食品安全争议逐渐变成以技术性贸易壁垒为主，特别是日本的"肯定列表"制度的实施成为中日贸易摩擦的焦点问题。除了残留农药的问题，中日贸易摩擦还出现了像"毒饺子"事件这种涉及食品生产过程中的监管问题。

中日贸易食品安全争议的第一阶段始于 2001 年 4 月。日本以农药残留超标为由采取单方面临时限制措施，停止了中国三类食品的进口。这一限制措施导致中国农产品出口业损失惨重。次年 1 月，日本分管进口食品安全的厚生劳动省又开展了"强化对进口中国蔬菜的残留农药监管月"。一时间，在日本国内造成"中国蔬菜食品安全检测不合格"的负面舆论影响，民众纷纷放弃平时购买的价格偏低的中国进口蔬菜，转而选择昂贵的日本本土产品。2002 年 7 月，日本从中国进口的菠菜中检查出农药毒死蜱残留超标，随即对中国进口的菠菜实施全面的"进口自肃"，以此阻止中国的冷冻菠菜进入日本市场。经过中日两国多方斡旋，日方于 2003 年 2 月解除了中国冷冻菠菜的"进口自肃"。不过，3 个月后由于再次检测出从中国进口的冷冻菠菜中毒死蜱超标，进而全面终止了从中国进口冷冻菠菜。此后，为了解决出口蔬菜中残留农药的问题，中国制定了《输日冷冻菠菜农药残留控制体系运行规范》。该规范对于冷冻菠菜中的农药残留实行了严格的监管措施。而日方对中国进口的冷冻菠菜的检验检疫也提高到最高规格，并对每天检验检疫的数量实行了限制。检测时间的加长，导致大量蔬菜在检测过程中腐烂。日本政府以抬高检验检疫标准的手段阻碍中国食品的进口，从而达到保护本国产业的这种贸易保护行为，短期看是为国内相关产业争取利益，但实际上是牺牲了大多数国内消费者的利益，从社会福利总效应来看，是得不偿失的。

中日贸易食品安全争议的第二阶段始于 2004 年 1 月 27 日。日本农林水产省因中国发生高致病性禽流感而禁止进口中国家禽及相关食品。次月，中国代表团赴日就此事进行磋商。日本方面最终答应对部分熟制的家禽产品解禁，不过条件相当苛刻。两国就此签署了《输日加热处理家禽肉卫生条件》。同年 3 月，日本厚生劳动省的相关官员应邀参加了中国"输日菠菜质量安全管理研讨会"，并对一些中国对日食品出口企业进行了考察，并检查了中国出口日本食品在生产、加工等过程中涉及食品安全的相关细节。于4月批准一部分检查合格的食品加工企业的对日出口。6月，日本厚生劳动省进一步解除了中国输日食品"进口自肃"措施，但对这些企业仍然保持实施"命令检查"。在这一阶段，虽然日方在后期对小部分中国的食品出口企业进行考察后同意有条件进口，但在检查力度上一直处于最高警戒状态。而中国对日出口的家禽食品加工企业绝大部分因日方接连几次的限制措施而处于停产或半停产状态。企业的亏损直接影响了国内农民的经济利益。日方对于中国提出的已整顿符合出口要求的加工企业名单，仍然以一些企业出现过多次食品安全事故为由，拒绝引入其产品进入日本国内市场。

中日贸易食品安全争议的第三阶段，是2006年日本修订了《食品卫生法》之后开始的。此次修改的最大亮点就是导入了"肯定列表制度"。"肯定列表制度"其实就是对食品中所含农药、兽药以及添加剂的残留量设定了一个限制标准。细化到每一种食品中所含农药、兽药和添加剂的限定标准有几百种，需要进行检验检疫的项目将比《食品卫生法》修改前增加5倍之多。[9]如猪肉、茶叶、大米等中国大量出口日本的食品，检查项目都有大幅度的提升。日方规定，自修订后的《食品卫生法》实施之日起，所有进入日本市场的进口食品都必须符合肯定列表制度中的标准才可通关。[10]2008年1月30日，日本的千叶县、兵库县相继出现因食用了中国进口冷冻水饺而中毒的现象，日本的食品公司随即召回了这一批中国产速冻饺子，并公布检测出这些饺子含有超标的农药甲胺磷。"毒饺子"事件引发了新一轮的食品安全恐慌。日本国内民众对中国进口食品的信任度进一步下降。韩国、美国的企业也纷纷对进口的中国食品进行了测查。而后，针对2011年福岛核电站核物质泄漏引发的食品安全问题，中国进一步扩大了禁止从日本进口农产品的范围，禁入范围包括日本福岛县等12个都县的食品、食用农产品及饲料。

由此可见，在中日贸易食品安全纠纷的三个阶段中，首先反映出中国农药、兽药残留问题严重。中国农业的传统生产方式使得滥用、适用化肥、农药、兽药和各种化学制剂的现象屡禁不止。这不仅会影响到农业生产环境，还会导致农药、兽药残留量超标，影响消费者的生命健康。尽管中国禁用、限用了部分高毒高残留的农、兽药，但实际生产过程中，这些农、兽药仍然被广泛使用。其次，中国在食品加工生产、包装、运输和销售环节均存在隐患，二次污染问题严重。常见的问题有在食品加工过程中使用低质原料，非法添加非食品的化学物质，超量添加食品添加剂，假冒伪劣现象严重。各环节控制不当还可能引发微生物污染，造成食物中毒等严重问题。尽管中国已经明确规定了可供食品加工用的添加剂种类及其用量及在产品中的残留量，但非法添加非可供食品加工用的添加剂的现象仍十分普遍。最后，日本的贸易保护主义在中国经济赶超日本的过程中日益高涨。由于中国生产水平提高，对日本国内的一些传统产业形成了威胁，日本政府出于对本国产业的保护，又碍于日本农业协同组合（以下简称农协）的压力，不得不对中国的食品进口做出强硬态势，导致中日食品贸易中与食品安全相关的摩擦随之增多，对华的技术性贸易壁垒进一步凸显。

二、中日贸易食品安全问题的发展趋势

一方面，中日贸易食品安全纠纷日益频繁，但相互对抗的可能性较小。两国在经济贸易上的密切度直接导致了对彼此的依赖性增大，由此容易使双方在食品贸易上的争议增多。然而，事实上在中日解决相关食品安全问题的贸易争议时，往往选择妥协、让步的时候较多，少有报复行为。这反而得益于两国间紧密的依存度。因为贸易量大，投资就越多，贸易报复行为是一把"双刃剑"，一旦实施对双方市场都会造成很大的冲击。由此可以预见，尽管日后中日贸易中的食品安全问题难以杜绝，但形成贸易对抗的可能性很小。中日更倾向于在磋商过程中相互谅解，相互妥协。

另一方面，在处理中日贸易食品安全问题上，两国的政治化倾向较为明显。政治关系在食品贸易争议的调解中起到了关键性作用。在中日贸易食品安全问题中，不仅关系到食品贸易本身，还影射相关产业和国际投资等宏观经济的摩擦和一些因人为因素而制造的制度性纠纷。日本往往喜欢打着环保和制度的招牌，强调一些中日之间食品贸易争议和环境问题、政治问题之间的关联。从而期望中国在有关原则性问题上妥协。这种将贸易中的食品安全问题扩大化、政治化的做法不仅严重影响了两国的贸易往来和政治关系的发

展，中日政治关系的恶化也反作用于经贸关系，导致双边经济贸易的停滞甚至倒退。

第三节　中日贸易中食品安全问题的背景因素

国际贸易自由化已势不可当，但在双边或多边贸易中，难以避免各方面利益的冲突，因此在全球贸易自由化的大环境下，贸易争端是在所难免的。中日食品贸易亦是如此。世界卫生组织（WHO）对食品安全的解释是："在保证以原定用途生产、销售和食用食品时，不会对消费者产生危害。"即消费者在食用所购买的食品时，食品是没有受到任何有害物质的污染的，对人体也不会造成不良影响。且按照常规的方式和用量，长期食用该食品也不会对消费者的身体健康有所危害。这里的不良影响和危害包括急性食物中毒和慢性食物中毒。[11]"而由于食品在生产、加工、包装、储藏、运输、销售和食用时需要经历多重工序，因此造成食物中毒的危险源并非完全来自食品本身。"[12]在以上过程中都可能因各种各样的原因导致食品受到有害物质的污染。目前，在国际食品贸易中，普遍对食品中的添加剂，农药、兽药残留，污染物，毒素等对人类的身体健康存在潜在危害的物质规定了严格的标准和检测程序，并在各国国内法中进行规制。

进入 21 世纪以后，各类添加剂在食品工业中广泛使用，农药、兽药对提高农牧产量越来越重要。"由于环境污染的加重，食品中农药、兽药和添加剂超标问题越来越突出。"[13]与此同时，食品检测技术不断提高，食品流通规模和贸易量日益扩大。当前，国际贸易中的食品安全问题逐渐从掺杂制伪、食品不卫生、传播流行病等方面，转向对食品的化学污染和消费者健康方面上。引发中日贸易中食品安全问题的背景因素是多方面的，其中经济背景和政治背景是关键。

一、经济背景

经济因素在中日贸易中食品安全问题中占有很大比例。在宏观经济背景下，中日双边贸易的内部均衡和外部均衡是调节整体宏观经济的决定性因素、环境和条件。反之，中日贸易中，因食品安全问题而引发的争议也受到这两大因素的影响。

改革开放以后，中国经济长期保持着快速平稳的发展，而经济全球化的大环境则使中国的改革开放进一步深入。在对外贸易方面，随着贸易量的增加，随之相伴的贸易摩擦也不断增多。另一方面，也体现了国内出口产业结构的不合理。在初期阶段，许多劳动密集型产业以生产量的扩张来维持出口增长的形势已经不能顺应时代的要求。需要对中国对外贸易的出口增长方式和产业结构进行调整，由量的扩张转化为质的提升，以应对愈演愈烈的贸易壁垒战。

日本自 20 世纪 90 年代后进入了长期萧条期。受经济不景气影响，失业率居高不下。经济萧条导致日本需求下降，国内市场需求严重萎缩，美欧经济增速放缓又导致国外需求下降，日本政府和相关产业为了保护本土企业，试图通过抬高贸易壁垒来阻碍进口产品进入日本市场。而随着中国经济的崛起，中国对日本出口不断增加，大量质优价廉的农产品涌入日本市场，占据了日本市场的大半江山，且增长势头十分强劲，给日本的相关产业造成了一定的冲击。面对经济受挫的情况，日本政府出台的一系列经济措施都没能把日本从低迷的泥潭中拉出来，使其形象受损。为了挽回人民对政府的信任和支持，日本政府开始选择贸易保护这一手段，将国民的注意力转移到国外。

值得一提的是，在这一时期，日本国内的生产能力和规模如何满足国际市场的需求是一道难题。除了国内劳动力的缺失和高额的人力费外还面临外部因素的制约。

第一，在日本国内进行结构调整的同时，许多发达国家也正处于同一时期。而发展中国家碍于自身经济结构的局限性，对外需求量也不是很大。因此，在日本经济陷入萧条时期，欧美国家其实也因国内的产业结构性障碍致使其对产业结构的调整缓慢。而发展中国家的经济又主要集中于劳动密集型制造业，短时间内也没有调整的空间。加之日本国内资源的匮乏等因素，导致其所期望的以资金密集型和高新技术带动生产力的产业技术结构调整改革难以实现。

第二，由高新技术带动生产力，其主要在于资本的投入、技术的革新和转让，对外部市场的要求也颇为严格。不仅仅是单一格局的最终消费品市场，而是要以相当规范的市场环境为基础。这就需要在国际法框架下，以多边或双边协议来保证技术研发、转让、销售中的知识产权保护等问题。因此，从西雅图到多哈回合，再到坎昆会议，在多边谈判中，日本一直在为达成相关协议而努力。不过，各国在建立新规则的同时所产生的利益冲突也在增加。各方对于有关投资协定和技术转让过程中的知识产权问题都拒不让步。这从根本上不利于日本国内产业结构的调整，制约了高新技术产业的发展。[14]这在中日食品贸易中也得到了体现。

第三，在中日食品贸易中，日本政府一边把焦点都集中在中国进口食品的安全上，一边采用财政补贴方式扶持国内食品产业，并抬高技术性贸易壁垒以阻碍中国进口产品，以此来保护其国内市场免于受到冲击。在扶持国内农业方面，日本政府采取了一系列保护措施，并且每年花大量资金来补贴农业。但即使这样，这些产业在国际市场上的竞争力仍然不强。相反，使更多的相关企业忽视了自身的产业结构调整，而更多地依赖于政府的扶持。

二、政治背景

日本是一个多党制国家。受其选举制度的影响，制约执政党对外贸易政策的制定的因素颇多，很难达到国家整体福利最大化。对外贸易政策制定本身取决于国会议员的态度，而国会议员本身又肩负了所属选区、地方利益和各政党之间的竞选压力的约束。导致在政策制定时，国会面临各方面的政治压力。可以说为了政治利益，日本政府对外贸易交往时所采取的贸易保护措施是受到国内多个利益集团的施压①。在对内获取选票的同时，对外也承担着贸易国有可能采取的报复性措施。

（一）不同的利益部门之间的纷争

1. 进口部门

为了避免进口的中国食品对日本本国产业造成冲击，日本进口部门通常成为阻碍中国食品进入日本市场的一道关卡。在日本农村有着各类以维护农

---

① 国内利益集团：日本内阁里有道路族、铁道族、农业族、邮政族等各种各样的所谓"族议员"。

民切身利益为目的的行业组织，日本农民高度的组织性直接影响到政府在农业方面的政策制定。其中，农协是日本最大的农业组织集团。农协分为三个层次，分别为全国、地方和基层农协组织。旨在对农民的生产生活进行指导，建立农产品销售渠道，提供包括资金资助、保险、医疗等服务。同时也涉足老年福利事业。农协拥有一个庞大的，组织性很强的体系，其规模几乎垄断了日本整个农村市场，除了维护农民的利益外，还能影响到其他资本市场。对于政党选举也起着举足轻重的作用。日本政府在实施贯彻新的农业政策时，农协扮演着重要角色。由于其下成员的选票能够对日本的议会选举产生重大影响。[15]在日本国会议员中支持农协的议员占绝大多数。彼此间的利益关联，最终的受益者是日本农民。因此，日本政府对本国农业的保护政策从侧面来看也是因为农协控制了大部分选票的结果。

2. 出口部门

日本的出口部门其实并不认为中国对日本的食品输入会影响到日本国内相关产业。他们认为两国在贸易上互补性很强，产品结构上也存在很大的差异，因此不存在同性质竞争，贸易保护的实施其实对出口部门并无所谓的正面影响。但中日贸易食品安全问题频发后，一方面迫于政府的压力，不得不选择技术型贸易壁垒的抬高；另一方面，因为有客观的利润，即使贸易保护对出口部门没有什么直接、明确的利好效果，但他们对贸易保护政策也不会持否定态度。[16]

3. 消费者

日本消费者对贸易保护政策的关心并不强烈。他们更重视的是生活品质的提升。对于产品的选择，虽然以往都倾向于比日本本土生产和欧美进口更为便宜的中国进口食品，但由于日本媒体对进口中国食品安全问题的大肆渲染，越来越多的消费者渐渐对国外进口食品持谨慎态度。转而投向价格高昂但认同度比较高的日本本土产品。此外，虽然消费者占有数量上的优势，但无法组成像农协一样高效运转的组织，所以在很多问题上难以达成一致。即使贸易保护政策有损消费者的利益，使消费者处于弱势，消费者本身也难以与之抗衡。

4. 政党

日本是一个多党制国家，若想成为执政党，在大选中争取更多的选票是关键。为此，在对外制造贸易纠纷和对内维持政权这两个选项中，日本政府更倾向于后者。即为了政治选举而倾向于实施贸易保护措施，从中获取多数选民的支持来维护政权的稳定。至于是否造成国际食品贸易中的贸易争议，和前者比起来反而没有那么重要了。

（二）利益集团之间的博弈

各个利益集团的博弈其实是导致中日食品贸易争议的决定性因素。在当前日本的政治体制下，贸易保护政策的取向更多地取决于各利益集团相互间的竞争与角逐。从以上分析我们可以得知，在众多利益集团中，农协占据了相当高的地位。特别是在日本对外食品贸易领域，因为关系到本国农产业和农民的切身利益，农协在日本国内利益集团的博弈中能够得到更多的政府支持。其原因一是农业是国民生计的根本，对农业的维护有利于政权的稳定，二是尽管日本农业人口占的比例很少，但农民的收入向来在日本受到特殊的关注，因此日本政府也不会眼看着本国农业受到冲击而坐视不管。[17]

不过，农协对日本的对外贸易政策的影响力虽然很大，却也不是绝对的。在各利益集团的博弈中，一些利益集团也会以"政治献金"或提供选票等方式以寻求政府的支持，达到贸易保护的目的。这种扭曲的贸易保护政策越提高贸易保护水平，就越容易造成社会福利的降低，而救济方法只能从"政治献金"中支出，不仅造成了恶性循环，离 WTO 所倡导的自由贸易状态也相去甚远。

第四节　中日贸易中食品安全问题的特点

中日贸易中食品安全问题不仅仅受到食品自身的特殊性的影响，也和两国在政治经济方面的政策措施有着直接关系。相较于中日贸易中的其他争议，中日贸易中的食品安全问题有着不同的特点，其主要表现在以下几个方面。

一、食品安全问题涉及的范围广

从中日贸易中食品安全问题所涉及的种类来看，以个别产品的问题引发的争议已经渐渐开始向相关产品和关联产业蔓延，波及速度快，范围广甚至有向结构性贸易争议的倾向发展。譬如，在日本经历 BSE 事件后，于 2002 年起开始实施牛肉的身份识别制度。要求本国市场的牛乳如没有经过身份识别，没有认证号码，不得在日本国内进行流通和销售。[18] 次年，对进口大米也实行了身份认证制度，最后规定连进口蔬菜也必须通过身份认证才可进入日本市场。在食品安全问题涉及的领域上看，从以前单一的产品问题，渐渐转向于技术性标准、环境污染和技术扩散中涉及的知识产权等问题。特别是近几年，日本频繁地对从中国进口的食品实行特殊检验检疫措施，其标准要求之高，检测之频繁，甚至要求如非日本原种不予放行。从源头上就阻止了其他国家的优良品种在日本市场的流通，此类利用高新技术中的知识产权措施来限制国外食品的进口已是日本惯用的手法。

此外，中日贸易中的食品安全问题的影响力不仅存在于食品贸易本身，还从经贸层面波及政治层面。自中国加入世贸组织以来，中日贸易食品安全问题频发，演变成了中日之间的一场贸易战。当日本采取临时保障措施，对大葱等几种从中国进口的食品进行限制输入后，中国反过来对日本的制造行业采取了报复性措施。致使因食品安全引发的争议导致了两国贸易摩擦的升级。范围从食品扩散到汽车和电子产品。由此可见，中日贸易中食品安全问题的影响力超乎想象。一方面，中国加入了 WTO 后受到特殊保障措施的限制，日本借此发难，对从中国进口的农产品采取限制措施，使中国一些农产品生产、加工企业蒙受了巨额的经济损失。另一方面，两国贸易中的食品安全问题主要集中在加工程序复杂的产品上，而问题发生在原始产品或加工程序简单的产品的概率要小得多。这源自于两国对食品安全的监管程度上存在差异。

二、引发的手段隐蔽

从中日贸易中各个阶段的食品安全问题来看，造成两国争议的主要是以技术性贸易壁垒为首的贸易纠纷。而近几年来国际社会对环境保护的关注越来越多，日本也将其对国内的农业保护政策与环境保护紧密联合起来。在技术层面上，日本比中国占有明显的优势，又打着保护环境的招牌制定和抬高了一系列的检验检疫标准、程序和限制中国产品进口的措施。典型如日本的"肯定列表制度"，该制度的制定就旨在保护日本国民的生命健康和生态环境。[19]对进口食品的农药残留实行了新的检验检疫标准。"不仅增加了须检测的品种，还大幅度提升了残留农药的限量标准。"[20]由于要通过"肯定列表制度"的检验需要花费高昂的检测费用，这大大增加了中国企业的出口成本，而"肯定列表制度"的实施手法又有别于其他性质的技术性贸易壁垒，手段相当隐蔽。

三、协调主要以政府为主导

在中日贸易中，一旦发生食品安全问题，直接影响到的是中国的出口企业。而最终解决问题的却是两国政府层面的协商、谈判和让步。这有别于其他双边贸易。一般来讲，在通常的双边贸易中，政府只是为企业提供建设性意见，仅仅起指导作用。反观中日食品贸易中，两国政府一直起着从中协调的作用。而受直接影响的企业反而没有发挥其作用，每次都依赖于政府间的谈判来解决。对企业自身出现的食品安全问题，企业和行业协会也没能及时积极地应对，往往都是等到政府出面，由相关监管部门来进行检查和整顿。虽然两国企业和行业协会之间也有往来，也仅限于经贸互访层次。没能真正达到相互之间的信息交流，错过了最有利于解决问题的时间段，使得明明一些企业间就可以协调解决的问题，最终都是以政府为主导来完成的。

第二章　中日贸易中食品安全法律问题的成因分析

日本民众对于食品安全的要求一直很高，这也使得日本在食品安全方面拥有一套完备的法律体系，主要的两部与食品安全相关的法律《食品卫生法》和《食品安全基本法》在多次修订过程中得到了不断的完善。由于国内资源贫乏，日本的国内食品供给很多需要依赖于进口，而中国无论从地理位置上看，还是国内资源丰厚的角度上讲，都是日本食品贸易的最佳合作伙伴。因此，中日双方对于两国的食品贸易都非常重视。

造成中日贸易中的食品安全问题的因素有很多，在外部因素方面，主要存在中日在食品安全监管理念上的差异，食品安全管理制度上的差异和对贸易中食品安全问题解决手段的不足。在内部因素上，主要是中国近些年食品安全事件的频发，以及本身对 WTO 争端解决机制的合理应用上存在问题。

第一节　中日在食品安全监管理念上的不同

日本对食品安全的监管理念以法律的形式进行了确立。并以此作为相关制度的理论依据和价值取向。依据《食品安全基本法》，国民健康优先理念和重视过程化管理理念贯穿于日本的食品安全监管之中。而中国在经历了国内多次重大食品安全事件后，对食品安全的监管理念正在从"事后监管"向"预防型监管"过渡。

一、日本：重视国民健康和过程化管理

（一）国民健康优先

日本《食品安全基本法》第三条对这一理念进行了确定："保护国民健康至关重要。要在这一基本认识下，采取必要措施确保食品安全。"此条将国民健康提升到了至关重要的高度，在此理念之下来确保食品的安全，就杜绝了因重视食品的生产销售而忽视消费者的生命健康。该理念其实并不是由《食品安全基本法》首次提出来的，之前的《消费者保护法》在修订时就提出了首先要保护消费者的根本利益。《食品安全基本法》将这一核心内容进行了转化和升华，将其提高到维护国民生命健康的高度，可以说是在食品安全监管理念上的提升。这里明确了消费者的权利：一是消费者有权选择和购买安全的食品；二是消费者有权参与食品安全行政。即确保消费者购买食品的安全性；消费者可自由选择安全的食品；消费者有权了解与食品安全相关的信息；消费者提出的建议应在食品安全行政中得以体现；当发生紧急事件危害到消费者的生命健康时，应采取及时有效的措施予以救济。[21]

该理念以法律的形式对消费者的权利进行保护，明确了消费者与国家，食品制造、销售企业的权利义务关系。[22]但理念本身并不能直接保护消费者的根本权利，要将其现实化还需要一段过程。有日本学者就为此建议应将消费者基本权利分为实体权利和手段权利分别考察，其中确保安全性权利和选择性权利为实体权利，而信息提供权利和听取意见权利为手段性权利，通过手段权利的实施来保障实体权利的实现。[23]这种观点在日本发生 BSE 事件后所进行的调查检讨报告书中也能够体现。"该报告书从消费者获取食品安全的相关信息，到参与到食品安全监管的环节，都有提供信息、表达意见的权利。而与食品安全相关的法律法规也应该为此提供各种实施手段。"[24]由此可见，为了国民健康优先理念的实现，向消费者提供食品安全的相关信息，并从消费者那里获取回馈意见是至关重要的。在这里，需关注的问题是，仅仅向消费者提供食品安全的相关信息是否就能够保证消费者的生命健康，使其不会受到食品安全问题的危害？这其实也关系到消费者在获取相关信息后如

何进行判断选择的问题。不过，总的来说，国民健康优先理念是日本食品安全监管的指导思想，也是其立法基础。该理念强化了消费者在食品安全事件中的地位，促进了食品安全的积极行政。[25]

（二）重视过程化管理

在日本，对食品安全的监管是一个过程化管制。贯穿从食品的生产、加工、运输、销售，最终到消费者的餐桌的整个过程。在这个过程中涉及危害食品安全的主要因素有：食品在生产过程中的农药、兽药的使用和残留；在生产、加工和运输过程中的包装及作业人员的健康和卫生；在销售过程中，食品生产日期、保质期、生产地等标签内容的真实性。"农场到餐桌"的这个过程中的每一个环节都非常重要，一旦哪个环节发生了问题都会对消费者的生命健康造成严重的影响。因此，重视食品的过程化管理理念在日本的食品安全监管中占据了重要地位。这在《食品安全基本法》中也有所体现，该法指出，食品从生产到销售的过程中都有可能出现安全隐患。因此，应当对此过程中的各个环节采取必要的监管措施，建立一个从生产、加工、运输、销售，最终到消费者的餐桌的系统化监管体系。使各个环节中，生产者、加工者、销售者和消费者都参与到食品安全的监管中来。譬如，在2001年"疯牛病"事件也称（BSE事件）后，食品安全的监管就涵盖了对饲料及其生长的土壤、使用的农药，动物所生长的环境，包括引用的水质和使用的兽药等对人的身体健康有可能造成各种影响的因素和环节的监管。肉制品加工阶段，对工厂及管理人员进行监控措施，确保在加工的各个环节中对食品安全标准的执行情况。

对食品过程化的监管在实施中有一个复杂的过程。如在BSE事件中，动物饲养地提供饲料、运作生产工序、进行加工和消费时都存在地理或时间上的差异。[26]如何在整个过程中统一控制监管程序的准确性和保证其高效运转，避免其间出现重复和冲突，确保各机构之间的整体协调，以及需要特别重点加强监管的领域等，都是在食品安全过程化监管中必须克服的困难。所以，日本重视过程化管理理念实际上旨在指导对食品的各个环节实行严格的管理措施，层层把关，最终达到食品的安全和保障消费者的生命健康之目的。

二、中国：从"善后"向"预防"的转变

在中国，长期以来都认为食品安全本身是相关部门"管理"出来的结果。以至于每当遇到食品安全事件时，媒体和消费者往往都呼吁"有关部门出来管一管"。在平时的食品安全监管中，完全寄希望于监管部门对食品生产、经营者的监督，突发食品安全事件后又只是希望监管部门对其严加惩罚。完全忽视了食品生产、经营者本身应尽的监管责任，混淆了政府监管和行业自律，也放弃了作为消费者选择的权利。而食品贸易市场始终存在着销售方与购买方的信息不对称问题，消费者无法了解食品从生产、加工、运输、销售，最终到消费者的餐桌的整个过程中各个环节的监管信息。销售方即使掌握了食品的包装，农药、污染物的残留状况，碍于个人利益，也不会对消费者公开。甚至还会在食品出售标签上提供虚假信息来误导消费者。而追溯到生产方，更有可能利用自身的信息优势，采取不道德手段，生产一些质量不合格的产品提供给消费者。这样的恶性循环导致了中国食品市场的信息混乱，一旦发生食品安全事件，生产方、销售方都各执一词，推卸责任。

因此，在历经了多次食品安全事件后，目前中国对食品安全监管正在从"事后监管"向"预防型监管"过渡。预防型监管模式类似于日本食品安全中的重视过程化管理理念。强调将"从农田到餐桌"各个环节的监管措施连接起来，并结合了对食品安全的风险预测、评估、预警和事后危机应对、救济措施，保障食品安全监管中的信息畅通，加强了对扰乱食品市场，危害食品安全行为的处罚力度。这种食品安全监管理念上的转变使中国的食品安全监管从"善后"转化为"预防"。作为食品安全的立法基础，也有利于相关法律的制定和改善。但仍倾向于以国家权力来保障食品安全，社会、消费者、行业协会的监督意识不强，参与度很低。食品安全的风险预测、评估和预警机制受监管信息的局限，运行并不理想，仍然没能完全脱离"事后监督"模式，对事前、事中的监管也缺少法律的支撑，远没有达到对食品安全的全程化监管效果。

第二节　中日食品安全法律规制上的差异

中日在食品安全法律规制上的差异，主要涉及食品的准入标准、检验检疫和安全监管这几方面。

一、食品安全准入标准上的差距

日本进口食品的准入标准的法律依据来源于《食品卫生法》和"肯定列表制度"。《食品卫生法》制定于 1947 年，随着国民对食品安全的意识不断加强，在《食品卫生法》制定后的几十年间经历过多次修订，每次都会对食品安全的相关要求和标准进行大幅度提升。特别是 2000 年以来，对进口食品的监管力度开始加强。以前，当进口食品出现食品安全问题时，日本一般采取销毁或退回出口国的措施，并不影响其他同类产品的进口。但在 2000 年版本的修订中，《食品卫生法》规定："当厚生劳动省大臣发现进口食品存在安全隐患，并质疑出口国存在食品安全监管措施不到位时，可直接对其进口及相关联的食品采取进口禁止措施。"[27] BSE 事件后，日本又进一步对《食品卫生法》进行了修订，增加了食品安全监督检查的内容，出台了对进口食品的疫病处理措施。在列举的进口禁止目录中，包含了包括 BSE 在内的多达 16 种疫情出现的情况。[28] 并对进口食品设立了专门的食品安全检查机构，以防止国外的危险食品流入日本市场。

在农药、兽药残留标准方面，中日食品贸易中的摩擦由来已久。《食品卫生法》修订前，日本所规定的农药、兽药残留标准并不多，甚至比同期世界上其他发达国家所设定的种类的平均数量还要少很多。[29] 如没有在当时规定限量的残留标准内的农药、兽药，理论上是可以在日本市场上进行销售的。这就很大程度上加大了日本国内食品市场的潜在隐患。因此在 2006 年的修订中出台了"肯定列表制度"。该制度是专门针对残留农药、兽药，添加剂以及毒素的，除了制定了对进口食品中的残留农药、兽药等的管理措施外，还设立了"暂定标准"和"一律标准"。这两个标准都是对进口食品中所含有害物质的限量标准。其中，暂定标准对目前在国际食品市场上流通的农药、兽药和添加剂等数百种类设定了上万个最大残留限量标准。[30]一律标准是一个统一残留限量标准，主要针对的是目前还不太确定的，不包含在暂定标准中的农药、兽药和添加剂等的残留标准。该标准的统一限量为 0.01ppm。"'肯定列表制度'涉及的食品种类非常广，包含了几百种食品和相关的农业化学品，限量标准多达 5 万多个。大幅提高了国际贸易中食品安全的准入门槛。"[31]与《食品卫生法》修订前不同，"肯定列表制度"禁止在日本销售含有目录中没有列出标准的，目前尚不确定的农药、兽药和添加剂的食品，对暂定标准也加入了复审制度，以确保进口食品安全的万无一失，也为残留标准的更新保留了空间和提供了法律依据。这也是从《食品卫生法》制定以来，在食品安全的相关规定中的一个重大突破。由此可见，日本在食品安全标准上除了与国际接轨以外，对标准的更新速度也相当之快。其"肯定列表制度"更是目前国际食品贸易中最为严格的食品安全标准，不仅规定了农药、兽药及添加剂的最大限量，还对目前食品贸易中还没有明确的农药化学品进行了一律限量的规定。种类涉及多达 700 多种，是中国食品安全标准种类的好几倍。[32]

与之相比，中国在食品安全标准制度上，2015 年新修订的《中华人民共和国食品安全法》（以下简称《食品安全法》）对以前分别由《中华人民共和国食品质量法》和《中华人民共和国食品卫生法》所制定的两套食品安全标准进行了整合，并采取了两方面的措施。一是对食品安全标准进行了统一，二是确立了标准的更新制度。虽然在制度上进行了完善，不过与日本等发达国家相比，中国目前的食品安全标准不论是在数量上还是在更新速度上都低于国际水平。特别是在食品的生产、加工、运输、流通、销售环节，对于生产地的标准，生产过程中涉及的产品质量控制标准，加工、运输和流通、销售中的配套标准等还不完善，整个过程的安全监控缺乏技术性指导。导致一些与高新技术和工艺有关的食品安全标准匮乏，也就无法对其实施相关的检验检疫，实现对这一类产品的质量认证。

此外，中国对食品中残留农药、兽药和添加剂等的检测标准同日本相比较也存在很大的差距。这主要体现在以下几个方面：

第一，现有的对残留农药、兽药、添加剂的检测标准较少。相较于日本

"肯定列表制度"中的 700 多种限量标准，中国的标准数量远远少于日本。这就是为什么在中国检测合格的食品在出口日本时会出现食品中残留的农药、兽药超标的情况。

第二，现有的标准陈旧。如上所述，日本自 2006 年实施"肯定列表制度"后，更新了一大批原有的限量标准，在以后的这几年中，根据科学技术的进步和国际食品贸易中对食品安全要求的提高，新的标准还在不断地被增加和更新。而中国的农药残留限量标准更新速度慢，随着日本标准的更新节奏的提升，大部分更新周期都控制在 3 到 5 年之内，中国保持原有的标准已经远远不能适应国际贸易中对食品安全的要求。这主要是因为中国所制定的残留标准是用于迁就那些工业基础差，管理水平落后，对技术水平要求低的大多数食品企业，而不是让这些企业进行自身的结构改革来适应高水平的残留限量标准。这种本末倒置的做法不仅使中国现有的标准远远落后于国际水平，也阻碍了企业相关科学技术的发展和管理水平的提高。

第三，现有标准过低。日本的残留农药、兽药限量标准高出中国几倍，落实到具体指标上，中国的大多数限量标准都比日本宽松。如克菌丹其，中国规定在水果中的残留量为 15ppm，马拉硫磷在蔬菜中的残留量为 8ppm 等，都超出日本标准几百倍。[33]这种标准明显与国际标准脱轨。那么，日本"肯定列表制度"的实施所引发的一系列中日贸易中的食品安全问题也就不足为奇了。

第四，标准的实用性不强。中国的残留限量标准在制定过程中不像日本通过各种渠道充分收集了企业、消费者和专家提供的相关信息。制定出来的标准往往不能满足市场的现实需求。而且，目前中日食品贸易中涵盖的食品数量众多，而标准中仅仅对粮食、蔬菜水果等常见食品进行了残留限量，剩下的出口食品难有具体标准可遵循，这也严重影响了中国食品的对日出口。

二、检验检疫措施实行上的差别

日本所实施的进口食品检验检疫措施主要分为监控检查和命令检查两大类。除此之外还有配合这两种措施顺利实施的，包括自身检查、进口禁止、海外食品安全问题危机应对等配套措施。在对进口食品安全的检验检疫上环环相扣，尽可能地保证进入日本市场的食品在安全上的可信度。

（一）监控检查

日本对进口食品的监控检查是对《食品卫生法》中违反概率较低的食品所采取的检查办法，由专门的检验检疫机构来实施。这种检查方法覆盖面比较广，属于"普查"性质。在检查中一旦发现存在食品安全隐患的产品则必须对其进行通关检查，且通关检查是具有强制性的。为了适应市场的变化，厚生劳动省每年都会制定新的检查规则。具体是利用统计学的方法，以食品安全隐患的产品检查数量为基础，通过分析产品的种类、数量、危害程度，制订出本年度的检查计划，确定监控检查的项目。[34]下面的各个检验检疫机构根据计划的内容实施检查。监控检查实际上是一个广泛的、大规模的检查措施，是对一般进口食品的监控。只有在监控检查中发现食品安全问题时，才会实行通关检查这样的强制性检查。[35]一般情况下，按照每年厚生劳动省发布的计划，各检验检疫机构都是抽取少量的样本进行检查，在确认进口食品合格的情况下给予办理通关手续，让其进入日本市场。[36]这是通关前检查无恙的情况，那么通关后，当食品在日本市场进行流通时发现有食品安全隐患时又该如何呢？如在此种情况下抽查出有食品安全问题，日本也必须对相关产品进行召回。[37]如产品已售出，日本检验检疫机构会抽取一定数量的问题产品进行复查。如结果仍然显示有安全隐患，立即会采取退货或没收该产品的措施。由此产生的检验检疫费用全部由日本政府来承担。

（二）命令检查

命令检查的检查内容和对象是由厚生劳动省大臣以行政命令的形式发出，并指定相关机构进行检查的。旨在防止进口食品安全问题对日本国民造成身体健康上的危害，强制性地对进口食品进行的检查。该措施所针对的产品主要是《食品安全基本法》中违反概率较高的食品。检查对象包括存在食品安全问题的同类产品，与该类产品相同出口国、生产商、进口商和加工商。以及在残留农药、兽药及添加剂的监控检查中，如发现相同出口国、生产商、进口商和加工商的产品两次以上不合格的，将被确认为危险系数偏高，也必须接受命令检查。一旦进口食品被累计多次接受命令检查，相关的企业将被日本列入黑名单，禁止其向日本出口食品。[38]命令检查不同于抽查，启动后检查率为100%。且所有检验检疫费用都需要出口企业来承担，在检查期间进口食品是不能办理通关手续的。只有在查明食品安全的原因，并且出口国对此加强了监督检查，确保以后不会出现相同食品安全隐患的情况下，命令检查才会被撤销。

（三）　自主检查

自主检查是一种指导性的检查方式，主要针对第一次进口的食品在残留农药、兽药和添加剂等方面的自主检查进行指导。理所当然，只有在符合《食品卫生法》规定下的进口食品才可以通关，但是否符合该规定就需要出口国企业进行自行检查。这是日本对进口食品安全检测的第一道关卡。在《食品卫生法》中，将进口企业列为进口食品安全的第一责任人。[39] 与此同时，在自主检查中，厚生劳动省每年制订的"进口食品监督指导计划"在对进口食品的通关申报和检查的相关环节，以及对进口食品的标示、功能和加工过程中的问题起到指导性作用。

近年来，中国出口日本的食品在日方的检验检测中频频碰壁，范围涵盖一般农产品和加工食品。这些都是中国的优势产业，但同时也都是劳动密集型产业。劳动密集型产业的弱点就在于规模小、技术落后、产品质量不高，对抗日本检验检疫的技术性贸易壁垒的能力较弱。因此，即便是中国的优势性产业，但由于产业结构的原因，严重影响了其优势的发挥，在遭遇技术性贸易壁垒时，直接受害者就是农民，损害农民的收入。此外，信息不对称也是引发中日贸易中食品安全检验检疫问题的因素之一。中国企业在大多数情况下并不了解日本对各种技术性标准的法规。在获取信息的渠道上，中国企业目前一般通过贸易商社。通常在交涉阶段花费过多的时间而延误了时机，不仅增加了企业的交易成本，还往往因此使出口食品在通关过程中被拦下。而日本在检验检疫中涉及的技术性标准相当严格，以中国食品出口企业现有的技术和管理手段难以达到其要求。特别是当需要精密仪器来进行检测时，应用领域上也受到限制，使很多检验检疫手段和标准都落后于国际先进方法，更别说应对高于国际平均水平的日本了。自2010年以来，农业部组织制定了387种农药在284种农产品中5450项残留限量标准，使中国农药残留标准数量比之前的 870 项增加了 4580 项。[40]另外，还有一些食品的认证是没有标准依据的，这缘于中国的检验检疫机构在设备、人员上存在的问题。设备的落后和检测人员的专业素质不强直接导致检测速度的缓慢，无法适应在短时间内实行大批量的检验检测。而且，目前中国缺乏高新技术型检测手段，表现为，大规模检验检疫，食品中农药残留的快速筛查和现场检测还使用传统的方法。技术上的不成熟，设备上的落后使中国出口食品的检验检疫耗时耗力，最终效果却事倍功半。

三、食品安全监管制度上的不同

在食品安全监管方面，中日两国在监管机构、监管职责和风险评估上都有较为明显的差异。中日都成立了食品安全委员会。食品安全委员会作为两国食品安全的重要监管机构，是一个依据科学知识，对食品的安全性，风险管理进行客观、独立、公正评估的机关。日本的《食品安全基本法》对食品安全委员会的主要职责进行了细致的规定："食品安全委员会须对食品有可能对人类健康造成的影响进行评估，并根据其结构采取相应的措施。"通常，食品安全委员会在得出评估结果后会通过内阁总理大臣进行劝告。所以日本的食品安全委员会主要任务是对食品安全的评估，而不是具体对食品安全问题进行处理或制定相关的标准。当初设立食品安全委员会时的定位就不是国家行政机构，其功能相当于审议会。中国的食品安全委员会成立之初类似于议事协调机构，主要负责食品安全监管各部门的协调工作。因此，中国的食品安全委员会在成员组合规格上很高。2015 年新修订的《食品安全法》虽然将食品安全委员会予以保留，但是其日常工作是由国务院食品药品监督管理部门负责，对食品安全工作进行综合协调。

日本食品安全委员会因需要对食品具体的危害进行风险评估，其成员主要是由相关专家组成。而中国的食品安全委员会重在协调，所以虽然并不是国务院的组成部门，但其主要负责人一般由总理，副总理来担任。

在监管职责上，日本食品安全委员会主要负责评价食品有可能对国民健康造成的各种影响因素，并根据评估结果提出建议和劝告；对食品安全政策的实施实行调查、监督和审议；评估中如有需要可进行科学性调查；对厚生劳动省和农林水产省之间的意见进行协调，并促进各方的信息交流。在遇到紧急情况时，依据《食品安全基本法》第二十七条的规定，当发生重大危害的食品安全事件或因紧急事态需要对其进行确认时，食品安全委员会可要求国家级研究机构进行必要的调查、试验分析，以此得出食品对国民健康的影响评估。同时在第二十四条强调，包括厚生劳动省和农林水产省在内的各省大臣在必要时都必须听从食品安全委员会的意见。反观中国，在历经了"毒奶粉""地沟油"等食品安全事件后，2015 年《食品安全法》无论在立法理念上，还是在制度创新上都有很大的进步。

在监管模式上，2013 年 3 月开启了新一轮食品安全体制改革后，中国由"多部门分段监管"转变为"三位一体"的统一监督管理模式。新组建了国家食品药品监督管理总局统一对食品、药品的生产、流通和消费环节的安全性、有效性实施监督管理；农业部监督全国初级食用农产品的生产监管工作；国家卫生和计划生育委员会负责食品安全标准的制定、风险评估工作。食品安全委员会的职责在成立时已由国务院进行了确认，主要包括了对食品安全的形势进行研究分析；对食品安全监管工作进行统筹安排，并提出相关具体措施；监督并落实有关食品安全的监管责任。由此可见，中国的食品安全委员会虽然等级很高，在监管职责上其实权限很低。在 2013 年通过的《国务院机构改革和职能转变方案》中决定保留国务院食品安全委员会，具体工作由国家食品药品监督管理总局承担。实质上架空了食品安全委员会。

在监管角色上，仅凭一个办公室，在没有专业人员的情况下要负责评价食品安全的形势，协调部门之间的关系只是一句空话。新修订的《食品安全法》规定："国务院食品药品监督管理部门依照本法和国务院规定的职责，对食品生产经营活动实施监督管理。"使得食品安全委员会成为摆设。而即使食品安全委员会是一个独立的部门，在同级部门间的协调工作上也存在很大的难度。因为在中国，同等级部门之间的协调有一定的局限性，谁都不愿意听从于谁的指挥。职能上的交叉也使彼此之间容易造成利益上的冲突，造成最终相互推卸责任。这也使食品安全委员会在协调中处于尴尬的境地。

因此，从表面上来看，日本的食品安全监管模式虽然是由几个部门来分段监管。但一个监管部门要负责一类食品"从农田到餐桌"的全部过程的监管工作，而不是把这个过程分为一个部分，分别由不同部门来进行监管。这不仅避免了各部门之间因职权不明晰而相互推卸责任，也成就了食品安全过程中的无缝对接，没有给监管留下空白地带。

在食品安全的风险评估上，日本食品安全委员会承担了食品有可能对国民健康产生不良影响的风险评估工作。这也是日本食品安全委员会的特色之一。在日本的食品安全监管中，风险评估和监测不是由同一机构来完成的。农林水产省、厚生劳动省和食品安全委员会分别承担不同的职责。对于食品安全的监测由农林水产省和厚生劳动省来完成，风险评估由食品安全委员会来负责，整个形成了一个"三权分立"的体系。而中国国务院卫生行政部门制定食品安全风险监测计划的依据是来自国务院食品药品监督管理部门和其他有关部门提供的有关的食品安全风险信息。风险评估不是食品药品监督管理机构的职责，也是由国务院卫生行政部门负责。新修订的《食品安全法》第十七条第二款规定："国务院卫生行政部门负责组织食品安全风险评估工作，成立由医学、农业、食品、营养、生物、环境等方面的专家组成的食品安全风险评估专家委员会进行食品安全风险评估。食品安全风险评估结果由国务院卫生行政部门公布。"也就是说，对食品安全进行风险评估的依据是来自各部门的风险监测和举报，此举容易造成食品安全监管上的空白地带。

在对食品的溯源和召回上，日本很早以前在《消费者产品安全法》中就有规定，不过该法只是针对有缺陷的产品。《食品卫生法》的规定更为详细。在其第三条第二款中就提到："食品生产、加工、运输、销售等相关企业应该在最大限度内避免食品危害的发生，并尽可能地将食品各个环节中的各种信息记录在案，予以保存。"日本的食品溯源和召回的信息化程度相当高。由于在食品的生产、加工等过程中，每一个步骤都有专门记录，内容包括食品所用的原材料，原材料的来源地和提供者，生产商及生产的整个步骤等相关信息。这些信息都以电子信息的形式输入到食品标签中，可以通过专门的查询系统进行确认。[41]对于肉类食品，还专门有显示动物来源的身份证明标示。这些信息不仅为食品的溯源和召回提供了很大的帮助，也为检查食品生产过程中哪个环节出了纰漏提供了便利。中国在发生食品安全隐患或紧急事态时，对食品的召回在《食品安全法》第六十三条中也有规定。当发生食品与安全标准不相符合，或有证据证明可能危害人体健康的，食品的生产者应该负责问题食品的召回工作。如果食品生产商没有按照要求召回问题食品或停止经营的，县级以上的人民政府食品药品监督管理部门可以责令召回或直接停止经营。根据中国新修订的《食品安全法》，食品的召回制度主要还是依靠行业自律，只有等到生产商怠于实施时，相关监管部门才出面。这既不符合食品安全监管机构的"积极监管"目的，也给食品生产商制造了拖延、推卸责任的机会。而且，目前召回主体除了生产商外，食品在运输、销售中如出现安全隐患，该如何召回也没有明确的规定。

第三节　中日贸易食品安全问题解决手段上存在缺陷

在国际贸易争端的解决中，程序的合法性越来越受到重视。很多非政府组织也开始积极加入到争端解决的磋商及对话中来，这种跨政府的协调方式很大程度上促进了各争端方之间的沟通，成为解决国际贸易争端的一种新手段。作为食品贸易争端的难点问题之一，食品安全涉及的范围相当广。除了食品本身的安全性外，还包含了科学技术方面的问题。同时和政治利益、经济利益也息息相关。中日贸易食品安全问题牵一发而动全身，在解决手段上，由于各方面原因，目前还存在很大的缺陷。在双边贸易中，一次食品安全问题如不能够得到全面的解决，会直接影响类似食品安全问题的再次发生。

一、中日贸易食品安全问题解决的主要方式

目前在中日食品贸易中，食品安全问题的解决方式主要还是以双边磋商的形式为主。这也符合 WTO 争端解决机制中强调的自力救济原则。双边磋商的最终目的不是对一方的错误采取惩罚行为，而是旨在发生争议的各方能够以协调的方式妥善处理争议，以此达到各国利益的平衡。在实践中，包含食品安全国际标准的科学依据，对食品安全进行风险评估的程序和影响风险管理水平的相关因素等都在 SPS 协议提出的透明度原则中得以体现。贸易中因食品安全问题引发的争端，应诉方拒绝提供以上与食品安全问题密切相关的信息和理由，并不愿意与起诉方进行磋商时，争端解决机构会以此为依据裁

定应诉方没有履行 SPS 协议要求的风险评估义务。[42]暗示了有意义的风险评估一般是在应诉方充分考虑到对方的利益，并有诚意进行协商的情况下才会进行的。WTO 争端解决机制并不一定就是让争端各方在法庭上讨价还价，同时也会为各方提供一个和平磋商的平台，以避免很多问题的政治化，缓和不必要的紧张关系。

此外，纳入非政府渠道也是解决中日贸易中食品安全问题的手段之一。虽然非政府组织不能提起诉讼，但 WTO 可以接受它们的陈述意见。这一举措是 WTO 向非政府组织逐渐开放的一个标志，专家组也不能是因非政府组织提供的资料信息就拒绝采纳。因此，非政府组织在解决直接关系到人们生命健康的食品安全问题时发挥着非常重要的作用。不过，由于中国等发展中国家还没有足以在解决国际争端时发挥重要作用的强大的非政府组织，与发达国家相比，以民间力量解决国际争端几乎是不可能的。即使非政府组织在解决中日贸易食品安全问题上可以避免许多问题的激化，缓和两国间的关系，但目前尚处于起步阶段，没有实质性的进展。

二、中日贸易食品安全问题解决手段的不足

第一，对中日贸易食品安全问题的解决，往往手续烦琐，耗时较长。由于食品本身保质期较短，加上烦琐的问题解决程序，一旦发生食品变质，不仅会对食品出口企业造成严重的损失，不利于自由贸易的推行，也会对两国食品市场造成不必要的恐慌。而在 WTO 争端解决程序中，也仅仅由专家组和上诉机构提交报告来判断其行为是否符合 WTO 的规定，对该成员应如何对其国内法进行修订并没有做出任何指示。使得最终对解决结果的执行存在一定难度。

第二，问题解决的手段缺乏有效性。虽然在 WTO《关于争端解决规则与程序的谅解》（以下简称《谅解》）中规定了可对遭受损失相当的报复措施，但发展中国家由于自身经济实力与发达国家存在差距，很难采用报复这一手段来解决问题。特别是当报复的对象对于自己来说是主要贸易国时尤其如此。除了出于经济方面的考虑外，还受到更多政治方面因素的制约。总体来说，发展中国家对发达国家的依赖性较大，而采取贸易报复措施会直接增加其经

济成本，这也是包括中国在内的大多数发展中国家往往避免使用这一措施的原因所在。

第三，磋商中存在的问题。在WTO争端解决的磋商阶段，《谅解》第四条第四款确立了争端当事国采取磋商的范围。但如果某些措施因为磋商请求与专家组的请求之间没能建立明确的关系而导致一些措施没有经过磋商的过程，易使磋商本身的重要性大打折扣。在对第三方的加入环节，《谅解》强调需要有"具有实质性贸易利益"的第三方才可正式加入磋商程序，但仍需要得到请求进行磋商成员的同意。如此一来，提出磋商请求成员方就可以任意阻止第三方的加入。虽然在目前的中日贸易食品安全问题中，还少有第三方加入磋商的案例，但在今后的食品安全问题的解决中，也不失为一种手段。

第四，发展中国家的特殊性问题。从发展中国家看来，WTO争端解决机制虽然提高了各成员方的参与性，但仍然存在一些对发展中国家不利的因素，制约着发展中国家对争端解决机制的参与。[43]主要有以下几方面的障碍：首先，发展中国家的差别待遇问题。《谅解》中不乏对发展中成员方的特殊和差别待遇的条款，主要是为了在WTO争端解决过程中为发展中成员方提供便利，使其能够平等地参与其中。但由于很多条款的规定属于原则性的，缺乏实质性内容，在实际运用上并没有取得应有的成效。其次，在争端解决费用的支付上对发展中国家是一种负担。特别是在食品安全这一问题的解决中，涉及了技术性较高的事项，程序也较为复杂。发展中国家无论是从资金层面还是从专业技术层面都不占优势，专业人才的匮乏使其往往不得不求助于发达国家的专家，这也增加了各种费用的开支。费用上的负担和专业人才的缺乏使发展中国家与发达国家在面临同一问题时劣势明显。而直接诉讼又涉及是否要求进入专家组程序，以及是否选择磋商解决争端等诸多因素，一般也不被发展中国家选择作为解决问题的手段。对于发展中国家面临的特殊问题的解决，除了在《谅解》中对一些原则性的特殊和差别待遇条款予以补充，能够具有实际操作性外，还应对这些条款的缺陷进行改进，为发展中国家在问题解决的各个阶段提供更多的便利和技术上的支持，让其能够积极地参与到争端解决中来。在专业人才的培养上，也应帮助发展中国家培养相关专家，减轻在争端解决过程中的费用负担。

第四节　中国国内的相关因素

中日贸易中的食品安全问题除了两国在食品安全监管理念上、法律规制上的差异，以及在对问题解决的手段上存在不足等外部原因之外，造成中国食品出口因食品安全问题受阻的还有以下源自中国国内的因素。

一、国内食品安全事件频发

近年来，国际社会加强了对食品安全问题的重视，在国内也因为接二连三的食品安全事件，使得国民对食品安全的要求提到前所未有的高度。这一方面使中国的食品质量有了较大提升；另一方面，也凸显出了中国在食品生产、销售过程中存在的问题。具体表现在：第一，中国在食品的生产过程中由于生产方式的落后，即便是对农药、添加剂的使用进行了规定，但实际上滥用农药、兽药和各种化学添加剂的情况仍然存在。这不仅不利于食品生产的环境，由于农药、兽药及化学添加剂残留的超标，也会直接影响到国民的生命健康。第二，在食品的加工、包装和运输过程中存在二次污染隐患。在原材料加工环节，很多食品加工企业使用劣质原料加工食品，有些甚至添加非食品的化学物质。2008 年的"三鹿奶粉"事件就是奶农非法添加了"三聚氰胺"所引起的。在食品的包装和运输环节，由于食源性疾病传播性很强，会对出口国的声誉产生较大的影响。一旦发现出口国内部发生疫情，与之有贸易关系的进口国会立即全面封锁类似产品，对出口国的相关企业造成重创。如 2004 年 1 月在中国南方发生禽流感疫情之后，日本等国立即限制或禁止进口中国家禽类产品，使中国家禽类产品，特别是冻鸡类产品的出口受挫。

二、对 WTO 相关规则的利用程度不够

WTO 在国际贸易的食品安全问题上制定了一系列的规定和限制条件。在承认各成员方为保护本国国民的生命健康可采取相应的食品安全贸易措施的同时，为了防止一些成员方对该规则的滥用，也规定了包括"风险评估原则"等限制性条件和采取食品安全贸易措施时的程序性条件。程序性条件主

要涉及 TBT 协议和 SPS 协议的"透明度原则"。

TBT 协议在第二条第九款对于技术性法规的公开提出了要求，指出："如果是在紧急情况下必须通过该法规而无法做到上述要求，该法规通过之后应以合理的方式公布，并且在公布之后不能立即产生效力以为出口国留下适当的适应时间。"该协议对技术性法规的规定对国际贸易产生了很大的影响。在技术标准上也要求各成员方每半年公布一次工作计划及其制定标准的过程，旨在要求各成员方在采取食品安全贸易措施时要有足够的透明度，保证出口国已知情。并为其预留相适应的时间，减少出口国因此所遭受的损失。SPS 协议第七条规定："成员方在改变 SPS 措施之时通知利益相关的其他成员方，并且按照附录 B 的要求在制定或改变 SPS 措施之前，如果该 SPS 措施不同于国际标准应提前通知并且给予其他成员方评论的机会。"该协议指出，在一般情况下，各成员方都应保留其他成员方适应新的 SPS 措施所必需的适应的时间。

此外，TBT 协议和 SPS 协议都规定了各成员方在制定和修改相关食品安全贸易措施时要告知利益相关方，并允许其提出质疑。如利益相关方提出要求，该成员方还应提供制定和修改的理由。然而，中国在与日本贸易中的食品安全问题却很少利用以上两协议的相关规则。这使得当日本采取食品安全贸易措施时中国显得束手无策。对 WTO 在食品安全问题上制定的一系列的规定和限制条件的利用原本可以有效减少中国出口企业因此遭受的损失，有利于保护本国食品出口企业的利益。但现阶段，在面临中日贸易食品安全问题时，中国往往避开 WTO 另辟解决途径。这样不仅耗时耗力，不利于问题的顺利解决，也让 WTO 的相关规则在实际操作中成为一纸空文，没能起到应有的作用。

第三章　中日贸易食品安全准入标准法律问题

　　食品安全准入标准是中日食品贸易中最容易引起贸易纠纷的问题之一。自从日本修订了《食品卫生法》，导入"肯定列表制度"以来，有关中国出口食品的准入标准一直是两国关注的焦点。由于"肯定列表制度"的设立并不是以国际通用的 CAC 标准为基础，大部分农药、兽药和添加剂的残留限量标准都是以发达国家的要求为基准设定的，因此该制度并未考虑到发展中国家在残留限量检查上的现状。日本亦旨在通过"肯定列表制度"，对进口食品实行双重标准以保护其国内自给率较高的相关产品。由于中日两国对农药、兽药和添加剂的残留限量标准差异颇大，日本的很多标准都高出中国几十倍甚至更多，甚至一些标准是中国没有设定的。中国出口日本的食品一旦无法达到日本的准入标准将被禁止进入日本市场。日本以其强大的技术优势对发展中国家设置这一准入障碍，在很大程度上阻碍了中日食品贸易的发展，也影响了中国国内食品出口企业的利益。

第一节　中日贸易食品安全准入标准法律问题的特征及争论的重心

　　中日食品贸易中，蔬菜是最具竞争力，也是争议最多的产品之一。中国对日的蔬菜出口额自 2001 年以来每年都有不同程度的提升，从中国进口的蔬菜在日本的生鲜蔬菜市场一直高居首位，占据了很大比例。[44] 因此，对日蔬菜出口在中日食品贸易中占据着非常重要的地位。但是近年来，时有冷冻菠菜等被查出农药残留超标而被禁止入境。[45] 每年被查出农药残留超标的中国产蔬菜申报进口件数都有不同程度的攀升，这引起了中日双方的高度重视。

一、准入标准问题的特征

（一）问题的起因

日本对中国进口的蔬菜实施重点检查始于 2002 年，主要增加了检查蔬菜中残留农药的品种。因为很多农药在日本是不被允许使用，或没有进行登录，而在中国却被广泛使用的。在 2002 年 1 月，日本就对所有产自中国的蔬菜实施了进口检查强化，对所有申报入境日本市场的中国产蔬菜实行全面监视检查。[46] 从中检测出来自中国的新鲜韭菜等 4 种蔬菜存在残留农药超标的情况，遂将对这几种蔬菜的检查提升为"命令检查"的对象。同年 3 月，从中国进口的菠菜被曝光存在农药残留超标的现象，日方一方面强化了对进口菠菜的检查力度，增加检测项目和样本数量，一方面扩大了检查范围。除菠菜外，日本各地的卫生检疫所对近 2000 件来自中国的申报进口的蔬菜实行了严格的检查，并从中查出了多起农药残留超标的情况。[47] 为此，在两个月后，日本政府几次向中国政府提出控制对日输出蔬菜中农药超标的现象，并要求国内进口商对从中国进口的蔬菜实施"自主检查"，一旦发现残留农药超标，立刻停止进口，禁止该类蔬菜在日本国内市场流通。在《食品卫生法》修订后，日本针对中国输入的冷冻菠菜实施了更为严格的检查措施，并以检测出中国输日冷冻菠菜中的毒死蜱超标为由对其采取"进口自肃"，实际上完全切断了中日在冷冻菠菜上的贸易往来。此后，在中日双方多次磋商后，日本取消了一部分中国菠菜出口企业的"进口自肃"措施，但仍然没有放松"命令检查"。从每个集装箱中抽取的检体样本多达 16 个，产生的检测费用也居高不下。[48]

在中国输日蔬菜残留农药超标的事件频发后，除了日方加大提升了检查力度外，中方也对此高度重视。对内鉴于对日输出冷冻菠菜的出口企业大部分来自山东，当地的检验检疫局将输日菠菜基地作为重点监管对象。烟台检验检疫局根据《输日菠菜农药残留控制体系运行规范》全程跟踪农药的使用情况。为杜绝外来污染，积极采取各种防控措施，完善产品溯源体系，以促进菠菜种植地在食品安全监管上的全面升级。[49]在日方特别重视的冷冻菠菜中的毒死蜱问题上，出口企业对内建立了严格的核查体系。包括作业和农药使用记录，土壤和水质的化验记录等在内的各种档案都需保存 2 至 3 年。[50]从菠菜的种子采购，用药、收获、加工、包装等各个环节的资料都进行详细记录，以便菠菜出口发现问题时可迅速追踪调查。此外，除了对农药本身的使用时间、剂量上进行控制外，在加工前后都要采取抽样检查，确保万无一失。对外，虽然日本的食品安全准入标准高于国际通用标准，有贸易壁垒的嫌疑，但为了尽快恢复对日蔬菜的正常贸易，中国政府一方面加强了对国内蔬菜出口企业食品安全的监管，严格了对农药市场的管理；另一方面也加大了政府高层的对外交涉力度，多次与日方进行磋商，并邀请日本专家组团来华进行实地检查。直至日本厚生劳动省最终宣布解除对中国产冷冻菠菜实施的"进口自肃"措施。

（二）特征分析

中日贸易食品安全准入标准问题主要集中在日方对标准设定的范围过广，指标数量众多，以及对准入制度缺乏灵活性这几个方面。首先，日本对进口食品的准入标准范围和指标种类的规定增加了检测项目的数量和难度，具体到每一种产品都制定有近百种限量标准。因此，在执行上给予了日方检测人员极大的随意性。其次，日方为食品安全准入标准所设立的制度在操作上灵活性很强，要求所有进口食品中残留农药、兽药和添加剂等化学品残留都必须符合其要求，否则禁止进入日本食品市场。而实际上，食品中所残留的化学物质有多少种类，日方都可以抽取任何一项来进行检测。对来自不同国家的进口食品在抽查频率、数量、项目上都有所不同，这种准入标准制度上的灵活应用容易使日本能轻易地对某一国的某一项产品进行针对性的检查，增加了不公平性。

二、争论的重心

食品中的农药残留问题一直是中日贸易食品安全市场准入争论的重心。

由于在中日气候、土壤等耕作条件和经济水平上存在差异，对农药的品种、使用量也不尽相同。日本对食品中残留农药的限量标准之所以会如此严格，是因为日本在食品的生产过程中，农药是万不得已时才使用的手段，而在中国对于农药的使用却带有一定的随意性。

（一）中日贸易食品安全准入标准适用的法律依据

1. WTO 的相关协定

（1）TBT 协议

TBT 协议所采取的措施都是旨在保护人类和动植物的生命健康，防止生态环境遭到破坏，保证产品质量的一些技术性手段。而当一些国家有意抬高技术性标准，制定过于严格的技术性法规，并将这些技术性手段作为阻碍他国产品进口的障碍时，就违背了国际贸易的公平性和透明性原则。随着科学技术的不断发展，发达国家所采取的技术性手段更为隐蔽，这大大增加了发展中国家的产品进入发达国家市场的难度。

TBT 协议与 WTO 的其他协议一样包含了"最惠国待遇"和"国民待遇"的内容。要求成员方在技术性法规方面，不仅要与其他成员方的要求必须相同，还要与本国（地区）同行业的类似产品相一致。这在食品贸易准入标准上体现为对进口食品的检验程序、费用都必须公平透明，不能存在歧视性。如果进口方所制定的技术标准和技术性法规，以及合格评定程序没有与之相对应的国际标准时，则需要及时通知不符合标准的成员，并接受其他成员方的合理询问。

（2）SPS 协议

SPS 协议主要是指导对动植物检验检疫措施的实施和采用，减少其对国际贸易的影响。一方面，各成员方出于对境内生态环境的保护，防止携带疾病的动植物进入本国市场，对本国（地区）民众的生命健康造成威胁，都积极对进口食品实行了动植物检验检疫措施。另一方面，由于各国（地区）在检验检疫时所采取的标准、方法和程序上都有所不同，检验检疫本身也有可能成为贸易保护主义的挡箭牌。SPS 协议解决以此形成的贸易纠纷，旨在保护人类的生命健康免受来自食品中残留农药、兽药、添加剂和污染物等的危害。因此该协议的许多条款都涉及食品安全的国际标准、准则和建议。这些国际标准、准则和建议由国际食品法典委员会制定的包含了农药、兽药、添加剂和污染物等的抽检方法和标准，是国际上统一的食品安全标准。与 TBT 协议相同，SPS 协议也强调非歧视原则，由于该协议专业技术性上要求较高，为了各成员方在进出口贸易中的利益，对于本国（地区）实施的相关检验检疫措施、政策和法规等都要进行披露，并接受其他成员方的质询并予以充分回应，以此保障贸易的透明性。

2. 日本农药管理制度

日本对农药的使用始于 20 世纪 30 年代，当时农药被认为是万能的，因此对农药的开发和普及带动了一批农药产业的迅速发展。然而，对农药使用的随意性弊端也开始凸显。为了对农药的生产和使用进行规范，日本在 1948 年制定了《农药取缔法》，在往后的修订中不仅增加了对农药毒性进行实验的项目种类，还禁止了对农药使用的扩散。

（1）残留农药标准

食品中残留农药设立的标准是依据《食品卫生法》，在充分听取了药物、食品卫生审议委员会的基础上，针对包含食品、添加剂、包装容器中的残留成分制定的。最初的标准制定于 1959 年，当时仅仅是确立了食品中农药残留成分的标准。[51]由于各种新型农药被不断研发出来，日本对于这一标准体系的更新也相当迅速。厚生劳动省对食品中的残留农药进行如此严格的限量，不仅仅是针对农药本身的生产、使用进行监管，更是为了通过对农药的限制使用，来达到保障国民生命健康的目的。因此，在对残留农药限量制定标准时，都花费了相当长的时间和资金，对每一种农药进行长达 4 年多的毒性试验。然后再参照国际上和发达国家制定的标准，结合日本国内的农药生产、应用情况来最终制定农药残留限量标准。[52]这样经过长期试验，综合各项指标得出的标准不仅为整个农药监管体系提供了可靠的科学依据，也为保障国民生命健康提供了量化的指标。据此，日本的《农药取缔法》还专门设立了农药登录制度、农药安全使用制度和残留检查监督制度。

（2）农药登录制度

不论是在国内生产还是加工制造的农药，或是从国外进口的农药，其登录都必须得到农林水产大臣的许可。农药的登录过程首先由申请人递交有关农药的毒性、危害、药效和残留性的实验报告，由农林水产省来进行安全性审查，并制定相应的使用基准。由环境省来评估该农药对土壤的影响，设立的登录保留基准后才可以进行农药的登录。残留农药的基准虽然是由厚生劳动省依据《食品卫生法》来制定的，但由于对残留限量标准的制定需要花费很长的时间，很多国家都将残留限量标准的设置前置于农药登录。因此无法对登录的或国际上流通的所有农药都制定残留限量标准。在日本《食品安全基本法》出台后，先后对《食品卫生法》和《农药取缔法》进行了修订，规定农药的登录和残留限量标准的制定须同时进行。如食品中残留未经设立残留限量标准的农药，将被禁止流通。此外，如果对没有登录的农药进行贩卖，出售商除了要按要求回收所卖农药外，还须接受相应的惩罚。

（3）农药安全使用制度

除了在农药的登录上进行限制外，为了确保农药使用上的安全，日本对农药使用中的技术要领也规定了安全使用的标准。《农药取缔法》规定，农药的制造和销售企业必须向农药使用者提供农药使用时的技术要领。对所售农药须采用统一规格，在包装上标示农药的名称、种类、成分、农药登录的号码、期限和生产企业所在地。对其使用方法、范围、残留性等都要有具体的文字说明。如其中含有对人体、动植物产生危害的成分，也须说明预防措施和解毒方法。易燃易爆物品要在醒目位置标明。所有生产农药的厂商和经销商都必须经所在地知事认可后才有经营资格。[53]保留农药在制造、包装、运输、销售过程中的各项记录，不得夸大农药的功效，误导消费者使用。在农药使用前还应向农林水产大臣进行申报，后者可对农药的安全使用进行监督，发现使用不当的情况可要求其变更使用方法。

（4）监督检查制度

以上的农药登录制度和农药安全使用制度都是防患于未然的。对于事后的监督检查，《农药取缔法》在2003年进行修订时增加了更加严格的农药管理的监督制度，其中就包含了对农药登录和对农药残留限量的监管。由于日本国内食品市场的自给率较低，一半以上依靠进口，因此，对进口食品的农药残留限量检查是保证国内食品市场安全的一个重要环节。[54]在监督检查制度中，添加剂检查、残留农药检查、毒性检查都是进口食品必须接受的项目。此外，对于违反农药登录制度和农药安全使用制度的情况，也加强了处罚力度。如修订后的《农药取缔法》就规定：违法经营销售农药，将处以 3 年以下有期徒刑，100 万日元以下罚金，法人的可以处罚 1 亿日元以下的罚金。[55]

3. 中国农药管理制度

中国的农药管理制度从 1997 年国务院制定的《农药管理条例》（新修订的《农药管理条例》已于 2017 年 6 月实施）起，先后有《农药管理调理实施办法》《农药生产管理办法》等一系列农药使用标准陆续出台。从农药的生产、销售和使用几个方面，可分为农药登记制度、农药生产与经营制度和农药使用制度。

（1）农药登记制度

但凡在中国国内生产的和从国外进口的农药都必须履行农药登记的程序。新修订的《农药管理条例》第十三条规定：农药登记证应当载明农药名称、剂型、有效成分及其含量、毒性、使用范围、使用方法和剂量、登记证持有人、登记证号以及有效期等事项。农药登记证有效期为 5 年。[56]和日本的农药登录制度相比较，中国的农药登记制度更偏向于对农药的效力、毒性、污染情况等的试验结果，而对于残留限量等相关要求并不严格。因此，中国的农药登记制度更多的是控制一些农药的扩散，而不是限制农药在食品中的残留量。而随着科学技术的发展，越来越多的新型农药被不断研发出来，这种治标不治本的登记制度可能引发的食品安全隐患也越来越大。

（2）农药生产与经营制度

对于农药的生产和经营的管理《农药管理条例》有明确规定。从事农药的生产、经营需经许可。农药的包装要有相应的标示和说明，注明农药的名称、生产厂家、生产批号、农药正式登记号或临时登记号等内容。对于农药的成分、效力、生产日期、使用方式、有效期限等都应在包装上得以体现，并与产品合格证书上的相符合。同时，在农药的销售过程中，对购买农药的消费者，农药销售商还应对其说明农药的使用限量、使用方法和紧急情况下的急救措施等。

（3）农药使用制度

农药的使用制度主要依据《农药安全使用规定》和《农药合理使用准则》等相关规定。要求使用者在确认农药标签上的正式登记号或临时登记号以及生产许可证号等都齐全的情况下才可使用。使用时须严格遵照标签上的使用说明和注意事项，对用量、方法、使用时间等不可随意更改。[57]各农药技术部门也应在农药的科学使用和安全防范上做好推广工作。农药使用制度还强调，对于蔬菜、果树和药材等不可使用高浓度农药，以防农药残留限量超标。

（二）日本对残留农药的标准是否符合国际标准

"根据日本的'肯定列表制度'，对中国进口菠菜中毒死蜱的残留限量为0.01ppm。"[58]毒死蜱作为一种毒性较低的杀虫剂在中国早已于20世纪80年代就开始推广应用。在国际食品贸易中也被广泛承认。而日本对中国产菠菜的残留农药限量源自于"一律标准"中的规定。由于一律标准是暂定标准中没有被设定的残留农药限量，日本将菠菜中的毒死蜱的残留限量定为0.01ppm，高出了国际食品法典委员会的标准数倍之多。[59]而反观日本对其本国内部生产的蔬菜中，同样对毒死蜱的残留限量数值远远高于对从中国进口菠菜的要求。因此，日本对中国进口蔬菜所设立的准入标准在中国看来是故意设置的贸易壁垒，以此阻碍国外产品的进口，保护本国相关产业。而日本则认为中国蔬菜之所以不能达到其食品安全准入标准，是因为中国方面在蔬菜的生产、加工和运输过程中，对食品安全的监管不严格，检测不达标，才导致最终出口日本的蔬菜在残留农药限量上超标。

（三）是否违背了世贸组织的有关规则

中国认为，日本首先违背了WTO下TBT协议和SPS协议中都强调的非歧视性原则。从对进口食品所设立的准入标准来看，高于国际统一标准的商品往往都是在日本市场占有较大份额的，日本以准入标准为门槛将这些产品拦截在外，确有贸易壁垒的嫌疑，有违WTO的非歧视性原则。其次，对于日本重点强调的中国进口菠菜的毒死蜱残留超出限量标准这一问题，根据WTO相关协议的规定，对进口食品实施卫生检验检疫不仅要以风险评估为基础，还须以科学理论为依据。而日本对中国产菠菜中毒死蜱的限量标准缺乏科学依据，远高于国际食品卫生法典，违背了 WTO 的合理性原则。最后，WTO 所规定的进口国为保护本国国民的生命健康和防止其环境遭到威胁，在采取对进口食品的卫生检验检疫措施时不得妨碍到国际贸易本身。但显然，日本对中国的进口食品所实施的准入标准已经远远超出了必要范围，极大限制了中国食品进入日本市场。

第二节　中日贸易食品安全准入标准法律问题形成的原因

中日贸易食品安全准入标准法律问题的成因是多方面的，既有来自日本的准入标准升级，通过对国内法的修改来抬高贸易壁垒的门槛等外部因素，也有中日农药管理制度的差异以及中国出口食品本身存在的残留农药等内部因素。

一、日本抬高标准，设置贸易壁垒

（一）日本不断升级的食品安全准入标准

日本从 2002 年开始不断提高进口食品的准入标准，特别是进口蔬菜中的残留农药限量标准陡增了几倍。随着《食品卫生法》的修改，"肯定列表制度"的出台，有关食品的残留农药限量标准还在不断地提高，需要进行检查的项目、种类和范围都在攀升。[60]使中国对日出口的食品频频受阻于对方不断升级的食品安全准入标准。这一方面说明中国在农药的生产使用上确实存在一定问题；另一方面，也反映了日本对于进口食品安全准入标准的近乎苛刻的要求已经成为阻碍中国食品进入其国内市场的主要因素之一。特别是在对日蔬菜出口上，由于中国国内劳动力成本较低，在蔬菜的生长过程中所涉及的土地、肥料、水利等方面都有充足的资源投入使得中国产的蔬菜在日本有相当的价格优势。[61]面对日本不断抬高的食品安全准入标准，中国国内生产商为了确保产品能够达到日本的准入标准，不得不增加额外的成本，或以降低产量的方式来保证产品质量符合标准。如此，各类产品，特别是蔬菜类在国内的生产成本的上升，大大削弱了中国产食品在日本市场上原有的竞争优势。

（二）修法高筑食品贸易壁垒

日本用于保障食品安全的两大法——《食品卫生法》和《食品安全基本法》自出台后每次修订都增加了许多更为严格的食品安全标准。2002 年《食品卫生法》的修正案就提出残留农药限量超标的处理措施。要求一旦发现进口食品的残留农药限量超出日本的准入标准，可以首先禁止这类食品通过海关。这就相当于给该类食品的进口判了"死刑"。这次修改给中国食品出口日本带来了不小的影响。在《食品卫生法》修订前，如发现不符合食品安全准入标准的，日方仅仅对该类进口食品采取废弃的方式。而修订后，一旦发现进口食品存在食品安全威胁，日本就可依据新的《食品卫生法》直接采取禁止进口的措施。对于日本这样的"依法处理"，中国的出口企业显得束手无策。修订后的《食品卫生法》对于日本国内的进口企业也有很大的约束性，规定如发现进口企业有违反食品进口的相关规定，将被处以 6 个月以下的有期徒刑或 30 万日元以下的罚款。[62]此举不仅对国内进口企业有很大的威慑作用，对中日食品贸易也产生了重大影响。

在 2006 年，日本对《食品卫生法》做了进一步修改后，更加强化了对进口食品的检查。日本政府表面上声称这一举措是为了保障国内食品市场的安全，使本国国民的生命健康免受危害。其实质上是为了保护本国的相关产业，从而对外国食品的进口加以限制。[63]

第一，按照修订后的准入标准，中国出口日本的食品变得更加难以通关。依照《食品卫生法》的要求，进口食品必须高度重视食品中的农药残留限量，才可通过日本设立的狭窄的绿色通道。这原本是有法可依，无可厚非。但实际上，严格按照"肯定列表制度"的要求的话，如果在进口食品中存在日本没有设立的残留限量标准的农药，不管其对人体，动植物和环境的危害大小，也不论其残留含量的多少，都会被禁止进入日本市场。换个角度看，即使输日食品的残留农药限量没有超出日本的准入标准也有可能不能通关进行流通。

　　第二，在价格方面，日本产食品在本国市场一直处于价格劣势。这主要是因为高昂的劳动力成本和生产成本，以及稀缺的资源所致。而进口食品，特别是像中国这样的发展中国家的输日食品在日本市场上占有很大的价格优势。2007 年《食品安全基本法》的修改不仅强化了对食品安全的检查制度，还使国外出口商为了产品能够打入日本市场，不得不负担高昂的检测费用。此举进一步削弱了进口食品的价格竞争优势。此外，食品安全委员会的产生也进一步强化了日本对国内食品产业的保护机制。之前关于食品安全，主要都是由农林水产省和厚生劳动省负责，由日本农协代表农民提出意见，农林水产省根据农协的建议来决定下一步的农业政策以及对农药残留限量问题的解决方案。厚生劳动省则主要负责食品卫生法的修订。这样在设立进口食品残留农药限量标准时就容易出现各部门间的不协调。食品安全委员会成立后，由 7 名首相亲自任命的专业人士来担任专家，负责协调农林水产省和厚生劳动省之间的关系，审议有关食品安全的政策，并监督实施情况。[64]这样一来，日本国内食品生产商的利益就得到了更有力的保障。也更有利于在遭到外国进口食品的冲击下，利用农药残留问题设置技术壁垒保护日本国内相关行业。

　　第三，日本修法高筑贸易壁垒也是一把"双刃剑"，同时也打击了本国的食品进口商。如果按照修订前的《食品卫生法》和《食品安全基本法》，不符合准入标准的产品被退回或被废弃，食品进口商遭受的仅仅是经济上的损失。但修订后，由于海关安检的强化，进口商不仅需要自行对进口食品进行把关，还要设立由政府和民间机构参与的公益法人。一旦发现没有达到准入标准的情况，将被处以巨额罚款和追究法律责任。对进口商经济上和心理上的双重施压，愿意担当风险进口外国食品的企业将会大量缩水，这无疑对外国食品进入日本市场又多设置了一重障碍。

二、中日在农药制度和标准采用上存在差别

（一）中日农药管理制度的差异

　　根据上述对中日农药管理制度的分析可以得知，日本的农药登录制度类似于一种市场准入制度，即没有进行登录的农药将不能在市面上流通。反过

来看，获得登录资格的农药在使用上的安全性是有保障的。日本通过农药登录制度遏制了农药的不安全使用。而中国的农药登记制度更多的是对农药效力的监管，不是为了通过农药登记制度向市场提供安全性的农药，而是将其定位于为社会提供有效的农药。中日两国有关农药的登记制度在定位上的差异直接导致其在效率上有明显的差别。以农药的"安全性"为首要条件的日本农药管理制度需要通过政府来介入监管过程才能得以保障。单单凭市场机制来进行评价的可行性不大。而重视农药"药效"的中国农药管理制度因其功利性更强，因此更容易通过市场的评价。因为对于农药的生产者和使用者来说，农药的效力才是最具说服力的。由此可见，两种制度在"管理"目的上的不同将会影响到制度实施时的效率问题。

此外，制度之间的协调性也是直接影响制度最终实施效果的重要因素。日本的农药管理制度的制定首先是以国民生命健康优先这一理念为目标，先制定出食品中农药残留的标准，然后再根据该标准制定农药登录和使用制度。各标准与相关制度紧密相连，极大减少了相互之间的矛盾。[65]中国的农药管理制度虽然也是为了保障人和动植物的生命安全，维护环境免遭破坏，并制定了一系列的食品安全标准和农药登记制度和使用制度等。但由于所制定的标准与制度主体不同，相互之间并没有很好的协调性。部门之间也各自为政，缺乏对目标的统一性。因此即便是中国的农药管理制度制定的目标和日本的很相似，因各种标准与制度之间的冲突和摩擦所带来的阻力必将影响整个农药管理制度的运行，降低其实施效力。

（二）中日两国所采用的标准不同

中日所采取的残留农药限量标准也有很大的差距。日本"肯定列表制度"中，暂定标准就有5万多条，其中有关残留农药限量的多达515种。[66]而且这种标准每5年就会对现有的残留农药限量标准进行更新。而在日本"暂定标准"所涉及的农药种类中，中国也制定了相应的限量标准的只有100多种，另外还有400多种是日本的"暂定标准"规定而在中国却没有任何限量标准的。[67]

具体来看，在日本有"暂定标准"予以限量的而中国无任何限量标准的，涉及的食品种类有近 200 种。"肯定列表制度"中的残留农药限量标准在中国是不存在的。而日本对这一部分标准的制定，很大程度上是参考了欧美等对食品安全要求严格的发达国家的标准，因此，这对中国食品出口企业来说是很大的挑战。在 100 多种中国和日本都制定了残留农药限量的标准中，日本的标准往往比中国的更为严格。[68]所以，"暂定标准"中，即使是中日两国都对一部分农药进行了规定，不是日本的标准比中国的高出许多，就是日本对其中某项产品进行了残留农药限量规定，而中国却没有。

"肯定列表制度"的另一项标准——"一律标准"，根据日本《食品卫生法》第十一条第三款的规定："不会对人身体产生负面影响的限值规定为 0.01ppm。""一律标准"实际上包括了剩下一部分没有设立残留农药限量标准的所有产品。其适用情况有两种，一种是食品中检测出的残留农药是没有设定残留农药限量标准的种类；另一种是食品中检测出的残留农药虽然在其他食品中设有限量标准，但在该食品中没有设立。一是中国没有设立"一律标准"，因此，当中国出口日本的食品中发现在"暂定标准"里没有进行残留限量规定时，根据"肯定列表制度"的规定，都必须适用于"一律标准"，也就是食品中的残留农药限量不得超过 0.01ppm。而受到"一律标准"限制的农药种类在中国常常是被普遍使用的广谱杀虫剂。由于"一律标准"在残留农药限量中要求相当严格，所以中国出口的食品稍不小心便会高于日本标准，从而无法通过检查。二是中国的标准中，有很多都宽于日本"一律标准"设定的残留农药限量 0.01ppm。 "如水果中的克菌丹，中国标准为 15ppm；蔬菜和原粮中的马拉硫磷，中国标准为 8ppm 等。"[69]与"一律标准"的要求相差甚远，该标准的实施对中国出口日本的水果、蔬菜类产品将会产生严重的打击。

三、中国出口食品农药残留的问题

除了日本方面在准入标准上的苛刻要求外，中国出口食品本身存在的农药残留也值得重视。一方面，中国很多出口企业更偏重于利益的重视，而往往忽视了对食品质量的要求。特别是中国出口食品在日本市场一直处于价格上的优势，更多的出口商都集中精力进行价格战。但实际上，在日本食品市场，消费者最关心的是食品是否安全，对于价格的敏感度越来越低。因此，食品的质量其实才是真正的竞争力所在。中国的很多食品出口企业对日本的准入标准的更新不敏感，缺乏预测能力。加之中国企业在对农药残留的检测技术和研发水平上落后于很多发达国家，客观上约束了中国出口食品达到日本准入标准的能力。另一方面，食品生产企业存在的对农药、兽药和添加剂的不规范使用等问题也容易导致出口食品的残留农药限量超标。在中国的农业生产中，为了提高产量，都有过量使用高效农药的倾向。长此以往，不仅直接影响了产品的安全性，还间接对土壤本身造成了污染，对今后的农业生产构成威胁。

第三节　中日贸易食品安全准入标准问题的解决途径

由于中国产蔬菜残留农药超标事件被日本媒体炒作为"毒菠菜"食品安全事件，使得日本消费者一时间对中国产食品唯恐避之不及。原本价廉物美，在日本食品市场上颇受消费者欢迎的中国进口食品，特别是生鲜蔬菜等纷纷成了滞销品。人们为了确保食品的质量，更愿意花更高的价钱去购买日本本土产的商品。这对在日销售的中国进口食品无论是在价格上还是在销量上都造成了很大打击。一边是日本产食品出现供不应求的局面，致使其在价格上不断攀升。另一边是原本就便宜的中国产食品无人问津，价格却一再下跌。面对日方设立的苛刻的食品安全准入门槛，中国应积极应对不合理的准入标准，加强对国内食品安全标准化建设，强化食品的过程化管理。

一、积极应对不合理食品安全准入标准

根据 WTO 非歧视原则，如日本在进口中国食品时，采用了与其他国家不一致的检验检疫标准时，就违反了非歧视原则。日本专门针对中国实施的诸如"中国产蔬菜检查强化月"等，大量增加了必须检测的产品品种和农药残留的种类，使中方须承担高昂的检测费用。在检测过程中，由于检测程序的复杂性，需要通过的环节众多，造成时间上的拖沓，直接影响了出口食品的品质，使当年中国出口日本的蔬菜总量大大缩水。而当时其他国家出口日本

的食品并没有受到如此严格的检验检疫措施，以及要求高水准的准入标准。日本的这种针对中国食品抬高标准的做法明显违背了 WTO 非歧视原则。中国原本可在充分掌握了相关科学理论依据后向相关协议的委员会提起抗诉，但由于 TBT 协议的条款中尚存在一些不明确的地方，不容易满足抗诉的条件，因此中国方面并没有采用抗诉手段。在应对日本提出的不合理食品安全准入标准时，对以下两种情况需要采取不同的措施。

（一）严于国际标准的情况

虽然国际食品法典委员会所设立的标准在国际上推广，但由于国际食品法典委员会的标准可以有选择性的采用，很多发达国家在制定食品安全准入标准时为了更好地保障本国国民的生命安全和环境免受污染，会单独制定比国际食品法典委员会的标准更为严格的国内标准。这样不仅能够确保国内食品市场的安全性，还能将一些发展中国家的进口食品以没有达到准入标准为由拒之门外。中日贸易食品安全准入问题就是典型。在遭遇准入标准纠纷时，首先要判断对方是否违背了 WTO 的相关规则，如果没有，说明该标准确实在进口国为保护本国国民生命健康而设定的合理范围内，应检讨中国企业是否能够在较短时间内达到对方设立的标准。如果中国食品出口企业在短时间内无法达到对方设立的准入标准，就应该依据 SPS 协议中对发展中国家的特殊措施条款，申请将进口食品准入标准降低为一般国际标准，或申请给予足够的时间来适应进口国所提出的准入标准。

（二）进口国标准与出口国标准不一致的情况

当出现进口国标准与出口国标准不一致时，有两种情况。一种是出口的这类食品是没有设立国际标准的；另一种是进口国与出口国在这类产品的标准设立上不尽相同，却都不同意协商一致采取国际标准。在这两种情况下怎么去确立准入标准也是不得不面对的问题。如中国出口日本的一类食品在检验检疫标准上与日本的准入标准存在差异时，往往是因为日本设立的准入标准过高的情况。这种高标准如超出了 WTO 的"必须保护原则"，可以参照同类产品在其他一些国家的准入标准进行综合评估，得出一个平均值来作为双方协商的目标。这样做不仅可以减少中国食品出口企业因日本准入标准过高而带来的经济损失，也能够满足日本保护国内食品市场的安全性这一月的。

二、加强食品安全的标准化建设

在中日贸易食品安全准入问题中反映出了中国在食品安全技术标准体系上的缺陷。特别是当日本于 2006 年实施了"肯定列表制度"后，对于其规定的"暂定标准"和"一律标准"中对残留农药限量的标准，[70]中国现有的食品安全技术标准很多无法与之相对应，这使中国食品出口企业在遭遇"进口自肃"措施时往往措手不及。针对日本严格的准入标准，中国虽然也设立了食品中农药残留的限量，但由于大部分标准低于日本，且这部分食品恰恰是中国出口日本的主打产品，包括粮谷类、豆类、水产类、坚果类、蔬菜类等多达 61 种。[71]对此，中国的食品出口企业也意识到自身的缺陷，为了应对"肯定列表制度"中严格的农药残留限量标准，中国食品出口企业不仅强化了对食品生产基地的管理，从源头上监管农药的使用情况，还对加工、包装、运输过程中的二次污染采取了严格的食品安全措施。中国国家认证认可监督管理委员会还积极推行 GAP 的试点工作。GAP 是通过可持续的发展措施来保障食品安全。国际上对 GAP 的推广主要是从源头上强化对食品安全的管理。为了摆脱日本"肯定列表制度"的影响，还应通过 GAP 认证，积极促进食品安全标准化建设，提高食品生产的综合能力，推动中国 GAP 认证与国际互认，来缓解"肯定列表制度"对中国出口食品的制约。

此外，鉴于中国食品安全标准与日本标准的差距，而当日本的标准又没有违背 TBT 协议和 SPS 协议条款的规定时，就不能将其定性为贸易保护措施。中国出口企业就更应该从自身的问题入手，对企业的食品生产、加工技术进行改进。完善食品生产线的安全监管措施从长远来看才是有助于克服日本之高标准，保障中国食品顺利出口的有效途径。一是中国食品出口企业应提升自身的食品安全，促进食品加工技术的提高，保障食品生产线的卫生安全，减少因食品中的农药残留造成的安全隐患。二是对于食品安全标准体系的完善，除了政府应尽到责任之外，行业协会也应积极配合政府的食品安全监管部门加快对食品安全标准化的建设，以 WTO 相关协议的规定为基础，进一步完善和提高现有的国家食品安全标准，避免因标准的差距而造成中日食品贸易之间的摩擦。[72]三是中国应积极参与到 WTO 制定食品安全标准的谈判中去，努力降低各国之间，特别是发达国家与发展中国家之间在食品安全准入标准上的差异，推动国际标准的设立。

三、强化原料供应链的质量监控

中国出口日本的食品的原料的供应主要有企业的食品生产基地，企业指定或签约的农场、农户，分散的农户和市场的直接采购这几个途径。其中，企业的食品生产基地，企业指定或签约的农场、农户这两种渠道相对比较稳定，可持续较长时间的合作关系。而且企业可随时对原料生产加工进行指导，有助于控制其在制造过程当中的卫生安全问题。但分散的农户和市场的直接采购这两种渠道与食品企业之间一般不会有长期的合作关系，因此，当食品的原料由这两种渠道提供时，企业往往不能保证其在卫生安全上达标。中日贸易食品安全准入问题中，中国冷冻菠菜的残留农药限量超标，很大程度上就是在原料供应链上选用了这两种渠道。要从根本上解决中国对日输出食品的残留农药限量超标的问题，首要任务是要强化原料供应链的质量监控。避免以分散农户和市场直接采购的方式，推广原料的产业化经营，使企业可以直接监管到原料的卫生安全。同时，食品生产企业应从种植、养殖环节开始，按出口标准生产，确保原料质量安全。完善食品追溯体系，加入食品来源的身份识别，防止在食品的原料生产阶段混入农药残留限量超标的原料，真正实行"从农场到餐桌"的全过程控制。

第四章　中日贸易食品安全检验
检疫法律问题

中日贸易食品安全检验检疫问题集中于两国在食品安全检验检疫措施上涉及的程序和标准上的差异。在日本发生了 BSE 和"雪印"等食品安全事件后，对食品的检验检疫体制逐渐趋于完善。特别是在检验检疫手续上的复杂程度可见一斑。对进口食品的检验检疫须经过农林水产省和厚生劳动省所设检测机构的检查，还要进一步经各地方保健所的检测通过。

第一节　中日贸易食品安全检验检疫法律
问题的特点及核心问题

中国的禽肉出口占据了日本进口禽肉产品市场的 65%，中国是国际上主要的禽肉出口国之一。[73]其中，山东出口的冷冻鸡、鸭肉是出口日本的主流产品。但日本近年来对进口食品的检验检疫日趋严格，技术性贸易壁垒的不断强化，给中国禽肉类产品的出口企业造成很大的损失。

一、问题的基本事实与特点分析

（一）涉及的基本事实

日本对中国出口的禽肉类产品检验检疫措施的升级始于 2003 年。日本从中国山东进口的鸭肉中检测出禽流感病毒。尽管涉及禽流感的件数只有两件，但日本还是于当年 5 月 12 日停止了所有中国禽肉蛋类产品的进口。[74]由于从检测出禽流感产品到宣布禁止相关食品的进口中间相隔仅数天时间，使中国禽肉类产品出口企业遭受了相当大的损失。特别是出口日本的禽肉类产品主要来自中国山东的出口企业，按当时日方对进口食品安全的要求，有将近1万吨的产品会因检验检疫不合格而被退货，由此产生的经济损失上千万元。禁止进口措施也对相关产品产生连锁反应，造成大批禽肉类产品的积压。直接影响到生产、加工企业的经济利益。而周边一些国家也纷纷采取措施阻止中国的类似产品进口，一时间，山东的很多依靠收购货源出口的中小型企业陷入了困境。

2006年以后，日本"肯定列表制度"规定了更为严格的食品安全标准，与之相呼应的就是检验检疫手段变得更为烦琐，增加了许多农药使用剂量和化学物质种类的检测。由此带来的是漫长的检验检疫程序和高昂的检测费用，增加了中国出口企业的生产成本和检测费用。很多中小型企业难以适应因日方检验检疫程序所带来的高成本和严格的检测标准。日本进口商也越来越倾向于将订单转给有专门的食品生产基地，安全性能够得到保障的大型企业，一些中小型食品出口企业不得不退出市场。

(二) 特点分析

第一，难以通过日方检验检疫的产品越来越多，覆盖面逐渐扩散。在食品品种方面，被重点检验检疫的除了畜禽肉、水产品外还包括蔬菜、水果和茶叶等。中国在日本食品市场占据了主要优势的品种都被包含在内，使其不仅在销售阶段，在食品生产、加工、包装和运输的各个阶段都受到一定程度的限制，检验检疫贯穿了食品生产销售的整个过程。只要检测出的残留农药、兽药、添加剂或微生物等超出限量标准，该食品就被日方认为是会对国民的生命健康造成不利影响而受到进口限制。这样大规模的检验检疫加重了出口商的负担，还减少了生产者，特别是一些农户散户的收入。此外，日本的检验检疫措施不光是针对畜禽肉类、蔬菜类等初级产品，还涉及加工后的半成品和成品，如对罐头类和加工的水产品中微生物的限量进行检测。

第二，当日本对中国的某类食品因检验检疫不合格而采取禁止进口措施后，往往容易在国外其他食品市场形成连锁反应。譬如从2003年日本对从中国山东进口的禽肉蛋类产品采取禁止进口措施以来，很多国家也纷纷停止了对中国同类产品的进口，造成了显著的扩散效应。这种连锁反应是两个层面的。一种是在食品进口国家之间的扩散。即当一国对某类进口食品实施措施后，很多国家会效仿其做法，在进口国家之间形成扩散状态。日本对中国禽肉蛋类的进口措施一直持续了两个月。这两个月中给中国食品出口企业造成了上亿元的损失。另一种是在出口国其他产品或下游食品之间的扩散。如2006年日本"肯定列表制度"的规定实施后，接连发生了对中国产的冷冻菠菜的强制检查。这种以检验检疫为手段的限制进口措施一直到两年后才出现缓和，但接下来又爆发了"毒饺子"事件。虽然最终查明"毒饺子"乃中国食品生产企业员工投毒所致，但接下来日本又对中国产鸡肉实行了放射性物质的检查。

二、相关的核心问题

在中日贸易食品安全检验检疫问题中，主要有在检验检疫技术上，产品质量认证制度和合格评定程序的设置上以及绿色技术标准上的问题。

（一）食品安全检验检疫技术的问题

日本为了保护国内食品市场和相关产业的发展，倾向于 TBT 协议的应用。依靠其技术优势，在提高检验检疫技术标准，严格检测措施等方面设置障碍，限制外国的产品进入日本食品市场。特别是在检验检疫技术性法规的设置上名目多而烦琐，在食品产业中还有数种来自各个方面的技术性法规同时进行规范。如很多技术性法规是强制性的，要求必须达到各项技术标准才能从事相关食品的生产、包装、运输和销售。

日本自2002年起就开始着手于这类技术性法规的修订和改革，并参照了欧美等发达国家的经验，引入了技术标准作为技术性法规的解释。立足于对国民生命健康和环境的保护增加技术性法规的标准，同时修改了《食品卫生法》和相关配套法律来同步技术性法规的改革。在日本众多的食品安全技术性法规中，代表性的有《食品与日用消费品管理法》《蔬菜水果进口检验法》《肉类制品进口检验法》《包装与标签法》《家畜传染病预防法》《动植物防疫法》《食品卫生法》等。[75] 日本的这些技术性法规对国内食品市场的安全起到了很大的推动作用，为促进本国食品安全，保护国民生命健康功不可没。但如此繁杂的技术性法规对于中国出口商来说无疑是相当棘手的。很多中国食品出口企业甚至根本不了解日本有哪些技术性法规，哪些又进行了新的修订。而且，这些技术性法规所规定的内容相当细致，对于每个具体问题都有具体的应对措施。一方面，这样细致的规定有助于保证食品中的残留农药限量和微生物限量等不至于威胁到人类的生命健康和造成环境污染；另一方面，在经济全球化的发展趋势下，如此精细的技术性法规又难以适应全球贸易的发展，往往就形成了技术性贸易壁垒。

（二）产品质量认证制度和合格评定程序设置的障碍

除了修订和增加技术性法规和相关标准外，日本的产品质量认证制度和合格评定程序也是为进口食品设置的一道障碍。日本的相关部门对国外出口日本的食品进行了细致的调查，国内进口商也对将要进口产品在国内市场的动态做了定量分析。还须对该类食品进行质量认证，对其生产的工序、方式和工艺进行合格评定。对食品的质量认证和合格评定是强制性的，通过后使用 JAS 标志。在质量认证与合格评定程序中，检验检疫和进口手续也是相当烦琐的。在日本推行了相关认证后，要求将该类认证推行扩散到进口产品。如日本农林水产省在日本推行了"大米身份认证制度"。即规定大米的产地、生产者、认证号码等都必须在包装上明确标明才可在日本市场流通。自 2003 年这一身份认证制度实施以来，日本对进口产品也实施了相同的认证措施。除大米外，包括蔬菜在内都陆续要求进行质量认证与合格评定。[76]

（三）绿色技术标准的问题

绿色技术标准主要是以保护环境为名所设置的一种技术性贸易壁垒。由于日本在科学技术上一直处于先进地位，因此其可以通过设立严格、强制性的技术性限制措施抬高绿色技术标准。除了对残留农药、放射性物质进行限量外，又增加了重金属含量的限量。对于这些物质的检验检疫设立了极高的技术标准，而这些标准远高于国际平均水平。

第二节　中日贸易食品安全检验检疫法律问题的影响因素

在中日贸易食品安全检验检疫法律问题中，两国对食品安全检验检疫管理模式的不同，以及日本日趋严格的检验检疫措施是导致问题的主要因素。

一、中日两国采取的食品安全检验检疫措施不同

（一）日本进口食品安全检验检疫措施

日本对进口食品安全检验检疫的管理根据产品的种类有着不同的管理方式和检验检疫程序。如水产品以及加工食品是直接进入食品检验检疫环节，而生鲜蔬菜、禽肉蛋类产品则需要先通过动植物检验检疫环节，检查合格后才能最终进入食品安全检验检疫程序。

1. 进口食品检验检疫的主要内容和检测方式

进口食品检验检疫的主要内容有很细致的分类，包括农药、兽药、添加剂和有毒物质的残留，微生物和重金属污染，抗菌性物质的含量，等等。在容器包装的检验检疫上，主要针对包装容器的材质、防腐防霉程度、包装容器的保存标准和卫生证明等进行检测。如在上述检验检疫内容中存在不合格的情况，日本厚生劳动省会对该进口食品实行扣留并通报被扣留产品的名称、产出国、违反内容和原因。每年还会定期对一些进口产品实施命令检查。

在检验检疫方式上根据进口食品的种类进行了划分。主要分为书面审查和实物审查程序。通常是经进口企业向食品卫生检验检疫部门提交了申报材料后才启动检验检疫程序。书面审查是由食品卫生检验检疫部门的卫生监视员负责，根据申报的内容和以往的通关记录进行评估。通过后，再进行实物审查。在实物审查之前首先要对拟检查的食品进行类别划分，检查方式有自主检查和行政检查两种，分别由进口企业和政府相关部门来负责。但自主检查必须是在厚生劳动省指定的检验检疫机构进行。在食品的检验检疫中，植物检验检疫和动物检验检疫的方式也有所不同。

（1）植物检验检疫

植物检验检疫是指对没有加工的进口的蔬菜、水果、谷物等的检验检疫。日本于 1996 年修改了《植物防疫法》，之后，又增加了对植物中病虫害进行风险分析的检验检疫方式。根据《植物防疫法》的规定，凡是来自农林水产省和厚生劳动省确定的禁止进口的国家或区域的，以及在检验检疫过程中发现产品中含有病菌等有害物质的植物类产品都一律禁止进口。在该法的实施细则上，对于上述禁止进口的产品和产地又进行了细化。例外情况仅限于出口国对于植物类产品中的病菌、害虫等有害物质已研制出有效的消除方法，且该方法得到了日本方面的认可时，在出口国采取了相关措施的情况下可以有条件地部分解禁。不过即使如此，日本进口企业在进口该类产品时，仍然需要接受检验检疫部门的抽样检查。对植物中病虫害进行风险分析的检验检疫方式中也有例外情况，即指定可免于植物检验检疫的品种（非检疫有害动植物）。[77]如在日本国内已广泛存在的品种，没有包含在公共防御对象中的品种，不会对国内农业造成危害的品种，等等。

（2）动物检验检疫

对进口动物的检验检疫包括了各种活体动物和畜肉类产品。相较于植物检验检疫，动物检验检疫的方式更为复杂，其中对活体动物的检验检疫在程序和方式上比畜肉类产品更为严格。进口动物的检验检疫主要由厚生劳动省下属的检验检疫机构来执行。先要对产品从病虫害角度进行检疫分析，接下来再从食品角度进行检查。具体来讲，对活体动物的检验检疫首先在进口口岸对动物进行检查，后在日方指定的检验检疫站进行临床检查。而进口畜肉类产品，则要先看原产地。如原产地发生了禽流感或禽霍乱等通报疫病，那么生产商须按要求在病毒学和血清学上接受检测证明其产品没有感染相关疫病。[78]在加工过程中，出口加工企业必须是出口国政府主管部门批准的，进行了严格的卫生检查并保证实施了必要的卫生安全措施的企业。包装过程中所使用的包装材料必须全新、卫生，包装上须标注检验检疫合格标识、加工厂的注册号等信息。在产品输入日本前，必须存放在符合动物卫生安全的地方。[79]除了来自于暴发了传染病的污染区域或国家的产品须在提交申请前就得采取消毒措施，然后再进入检验检疫程序外，一般的畜肉类产品经书面审查和抽样检查的方式通过即可进入日本食品市场。

2. 管理处罚措施

（1）进口自肃

进口自肃是根据日本检验检疫制度，进口食品在被监控检查或命令检查后，仍然多次违反日本《食品卫生法》时所实施的措施。进口自肃措施本身是一种由日方发出的劝告性质的措施，旨在建议出口国自行克制该类违规产品的对日出口。但由于日本厚生劳动省对产品进口自肃的通报除了针对出口国外，也会通知本国的相关政府机构、检验检疫机构和进口企业，所以其实质是对该类产品采取了一种临时性的禁止进口措施。因此，进口自肃措施在实施上具有一定的灵活性。[80]日本主要是通过进口自肃措施向出口国提出整改意见。在进口自肃期间，出口国与进口国可就此进行协商，如达成一致可逐渐或有条件地解除进口自肃。但当发现仍有违规情况时，日本可再次实施进口自肃措施。这种临时性的进口禁止不仅可以督促出口国对食品卫生安全进行整改，保障在日本国内流通食品的安全性，由于该措施又是暂时性的，在恢复进口后，可以避免国内食品市场相关产品的短缺。

（2）禁止进口措施

禁止进口措施是日本对进口食品检验检疫制度中最为严格的。一般采取禁止进口就表明了出口国的这类产品会被长期禁止进入日本市场，这种禁止甚至有可能是永久性的。[81]因此，被禁止进口的往往是发生了严重疫情的国家或地区。而由于禁止进口措施的严厉性，日本在采用的时候也相当谨慎。比起进口自肃措施可反复使用的灵活性，禁止进口措施一经实施如无特殊情况将很难再次恢复进口，也不太可能被重复采用。

（二）中国出口食品安全检验检疫措施

根据《中华人民共和国进出口商品检验法实施条例》（以下简称《商品检验法实施条例》）第一章第二条的规定，对于出口商品的检验检疫主要由国家质检总局在省、自治区、直辖市以及进出口商品的口岸、集散地设立的出入境检验检疫机构负责。针对出口食品的检验检疫，在新修订的《食品安全法》第九十九条中也有交代："出口食品生产企业应当保证其出口食品符合进口国（地区）的标准或者合同要求。出口食品生产企业和出口食品原料种植、养殖场应当向国家出入境检验检疫部门备案。"在中国出口食品安全检验检疫措施中，出口食品的备案制度及流程、综合评定制度和对原料辅料的监管制度是其核心内容。

1. 出口食品备案制度及流程

中国的出口食品目前离日本所制定的食品安全要求还有一定的距离，而在短时间内又不太可能达到对方所设立的标准。因此，中国的出口食品备案制度是为了让出口食品达到进口国，特别是一些像日本这样的发达国家的入关要求而采取的一种暂时性的措施。[82]新修订的《食品安全法》和《商品检验法实施条例》对此都有具体的规定，只有获得了备案许可的企业才可从事出口食品的生产、加工。出口食品备案制度虽然是应对进口国标准而设立的，但对国内出口企业的合格评定仍然是强制性的。根据2011年10月1日实施的《出口食品生产企业备案管理规定》，要强化企业的报告制度和在食品生产中的过程化管制。在对出口食品备案时简化流程，提高效率，对第三方的认证予以合理接纳，并重视地方政府与出口食品检验检疫机构之间的合作。在出口食品备案流程上，当食品出口企业提交了相关申请和资料后，出口食品检验检疫机构将对此进行审核。对评审合格的颁发合格评定证书，批准注册。出口食品备案制度实际上是最终合格评定的先决条件。

2. 出口食品实施综合评定的机制

对于完成出口食品备案的企业，检验检疫部门还要对其进行日常监督。并对出厂前的食品采取检验检疫措施，保证其产品质量。具体有日常检查和定期检查两种形式。日常检查包括检查企业是否还符合出口食品备案的条件，出口食品的原料卫生状况和检疫情况等。定期检查主要是针对备案企业的换证复查。备案企业的出口企业备案证期满前3个月须提出复查申请，检验检疫部门对其进行审查合格后才能更换新的证件。由此可见，出口食品实施综合评定的机制是首先确定食品出口体系的卫生监管体系的有效运转，其次是对出口企业的产品实行抽样检查；然后对符合以上要求的进行综合评定，合格的办理合格评定证书。

3. 出口食品原料辅料的监管

对出口食品原料辅料的监管主要可分为常态监管、高风险原料辅料的监管和农药、兽药和添加剂的残留限量监管。

常态监管机制是指检验检疫机构在一般情况下对出口食品的原料辅料进行的安全监管。主要通过审核企业的各种自检结果、库存和定期对食品的原料、辅料实施的抽样检测记录等，从食品安全的角度对出口食品企业所使用的原料辅料进行评估，并对企业的食品卫生体系的有效性进行验证。针对一些容易被掺杂农药、添加剂等物质的高风险原料辅料还须经过风险评估。由于口岸的检验检疫机构对于食品的原料辅料的加工企业不能进行直接检查，因此通过对出口企业的监管，间接地对高风险食品原料辅料予以安全监控。食品原料辅料中的农药、兽药、添加剂和毒素的残留限量超标，一直是中国与日本食品贸易中的一个症结。中国自 1999 年实施对农药、兽药和添加剂等的残留限量监管以来，陆续制定了配套的抽样程序。[83] 残留限量监管本身是对出口食品的风险预警。通过从监控对象中抽取的残留农药、兽药和添加剂的具体数据实施宏观层面的风险评估，对比设立的风险的等级和类别，以此为依据公布相关的预警信息。根据新修订的《食品安全法》的要求，为了完善残留限量监管体系，提高预警的准确性，所监控的项目逐年增加，纳入监控范围的企业也越来越多。

比较两国的食品安全检验检疫措施可以发现，日本的进口自肃、禁止进口措施等食品安全检验检疫措施是综合国际上通用的做法，依据日本《食品卫生法》《食品安全基本法》等与食品安全相关的法律，由日本行政部门制定的行政管理制度。而其中由厚生劳动大臣来负责具体发布实行检验检疫的措施。在进行监控检查、命令检查时，一旦发现不能通过日本的检验检疫就会宣布立即采取措施停止进口，再次发现违反相关规定就直接进入命令检查程序，不给国外的出口企业一个合理的缓冲时间，使得中国很多食品出口企业在面临日本实施的检验检疫措施时还没有反应过来就被告之已停止进口该类产品，或已启动了命令检查程序。这种让出口国处于被动状态的做法也不利于国际贸易的正常发展。中国的出口食品安全检验检疫措施相对比较机械化，目的并不是出于对出口食品质量的提升，而是为了应付进口国的高标准而出台的一系列制度。包括出口食品实施综合评定的机制在内，都是以此为中心。对出口食品原料辅料的监管虽然表面上贯穿了食品从原材料到生产加工的全过程，但实际上其主要任务是风险评估和风险预警，对于上游的原材料的残留限量仅仅是间接监管。

二、日本进口食品检验检疫措施日趋严格

近年来，日本的《食品卫生法》对于进口食品的安全监管进行了大幅度的修订。有关进口食品的检验检疫措施也日趋严格。

（一）《食品卫生法》修改前

《食品卫生法》修改前，对进口食品的检验检疫措施主要为由厚生劳动省下属的食品安全检验检疫机构进行的"行政检查"。"行政检查"分为"现场检查"和"实验室内检查"。主要是对食品中残留的农药、兽药和添加剂限量的检测。如采取"实验室内检查"的方式，在最终检测结果没有出来时，停止办理一切相关的入关手续。此外，还有针对进口商的"自主检查"，"自主检查"是一种根据行政指导的检查，只是本身不具有强制执行力，不过进行检查的检验检疫机构必须是厚生劳动省的指定检查机关。[84]

（二）《食品卫生法》修改后

《食品卫生法》修改后，更为严格的"命令检查"被引入进口食品的检验检疫措施当中来，以前由厚生劳动省下属的食品安全检验检疫机构进行的"行政检查"逐渐划分为"监视检查"和"其他行政检查"。"监视检查"旨在缩短进口食品办理海关通行的时间，又有利于日方能够掌握进口食品的多样性。因此，"监视检查"不同于实验室内检查，对进口食品不需要留置，也不用等到检查结果出来才办理通关手续。国内进口商的"自主检查"除了《食品卫生法》修改前的根据行政指导，到厚生劳动省指定的检验检疫机构进行检测外，增加了"根据行政命令"到指定检验检疫机构检测。这一条其实是修改前的以留置的方式对食品采取"实验室内检查"的替代。而《食品卫生法》修改的核心，对"命令检查"的导入是日本在进口食品检验检疫措施中的一大跨度。顾名思义，"命令检查"是由日本政府命令，进口企业负担检测费用，并按要求抽取样品到厚生劳动省指定的检查机关进行"自主检查"的检验检疫措施。所检查的对象均由政令指定，包括食品使用器具在内

的进口食品多达数十种。[85]在这些政令指定的检查内容中，每年都由厚生劳动省决定挑选部分特定产品来进行"命令检查"。同样，在检测结果出来前，商品将停止办理所有入关手续。

总的来说，日本的进口食品检验检疫体系随着各类食品安全法的修订在不断地完善，措施也逐渐趋于严格。在效率上也一直致力于朝着程序的简单化、高效化发展。在《食品卫生法》修改后，除了增加了针对多次违反规定的进口食品采取的禁止进口措施外，还在行政检查的基础上导入了面向进口企业的命令检查。[86]"行政检查"主要以监视为主，严格的"命令检查"在进口食品的检验检疫中所占比例也较低。实质上，除了需要对食品进行留置的"实验室内检查"外，其他大部分进口食品都是经书面审查合格后就可以迅速快捷地通关进入日本市场。[87]

第三节　中日贸易食品安全检验检疫法律问题的对策思考

面对中日贸易食品安全检验检疫的法律问题，中国应积极展开与日本的交涉，统一检验检疫的标准，尽快建立起食品安全检验检疫合作机制。在内部须完善第三方认证机制，强化政府责任，提高出口食品企业应对技术性贸易壁垒的能力。

一、积极开展交涉，统一检测标准

中日贸易食品安全检验检疫法律制度面临的一个主要问题就是两国在检测标准上的不一致。而在国际食品贸易中，对食品安全的检验检疫都会涉及TBT 协议和 SPS 协议的内容。根据 WTO 这两项协议的规定，在国际食品贸易中，各国都可以利用检验检疫技术来保护人类和动植物的生命健康，确保环境免受污染。但也指出，对于故意抬高技术型标准来妨碍国外食品进口的是变相的技术性壁垒，不利于国际食品贸易的发展。因此，当日本以科学技术优势对中国设置贸易壁垒时，中国应充分援引 TBT 协议和 SPS 协议来维护出口企业的利益。同时也需要和日本积极开展交涉，加强双方在食品贸易检验检疫技术上的交流与合作，并对两国各自的食品安全检验检疫措施和标准进行审核，以国际上通用的检测措施、技术为基础，制定中日双方都能接受的切实可行的统一的检验检疫标准。在国际上，中国须进一步提高自身的谈判能力，参与到国际食品贸易规则的制定中去，提高国际社会对中国出口食品安全的认知度，为中国出口食品在国际市场上争取更多的主动地位。

二、尽快建立食品安全检验检疫合作机制

中国近年来接连发生的食品安全事件不仅使国内消费者对食品的品质重视意识提升到前所未有的高度，也使国外的消费者对中国出口的食品产生了质疑。在经济全球化背景下，食品安全问题已经是食品贸易中最为突出的，也是国际食品贸易纠纷的原因所在。国际食品贸易的迅速发展拉长了食品的生产、加工、运输、消费的链条，对食品安全的监管难度也随之加大。特别是中日两国在检验检疫措施和标准上各执一词，建立中日食品贸易中的检验检疫合作机制迫在眉睫。对中国来说，在检验检疫方面与日本展开合作不仅有助于排除国际上其他国家对中国的偏见，有助于其他国家了解中国对食品安全的重视程度，还可以在中日之间开展开诚布公的对话，避免食品安全问题的政治化和贸易保护主义的加深。而日本检验检疫系统中先进的科学技术和管理体系也有助于推动中国在食品安全检测技术上的科研攻关和监管水平的提高。进而通过合作将食品安全检验检疫标准和措施在国际上进行推广，成为解决国际贸易中食品安全检验检疫问题的依据和动力。

实际上，除了与日本存在贸易中的食品安全问题外，中国与欧美等发达国家和地区也发生过类似的，因食品安全问题引发的贸易纠纷。但最终都是通过建立双边或多边合作机制得以很好地解决。中日也可以借鉴此类成功经验，签订协议，建立长效的检验检疫合作机制。具体来讲，中日食品安全检验建立合作机制应包含以下几方面的内容。首先，双方应就检验检疫的技术标准和措施保持长期有效的沟通，这就需要一个固定的联络机构。其次，由于食品安全检验检疫专业性较强，在相关问题的交流上，需要中日双方的专业人员参与。如中方的质检总局人员和日方厚生劳动省的相关人员。再次，在食品安全检验检疫问题上，两国需要进行定期的磋商，来保持对相关技术、检验检疫制度和食品安全政策更新等信息的交流。使中国的出口企业和日本的进口企业能够把握最新的贸易形势走向。最后，当因检验检疫问题引发中日食品贸易纠纷时，双方应建立一套调查机制，及时进行磋商，促进问题的解决。

三、完善第三方检测认证机制

对出口食品的安全检测认证是对外证明该类食品和食品出口企业质量安全达到合格标准，并完成出口食品的检验检疫过程的一个必不可少的环节。在中国，食品的安全认证主要由政府来负责。实践证明，虽然政府在食品安全检验检疫体系中是不可或缺的角色，但仅仅依靠政府来完成复杂的检验检疫程序，并且保证最终的认证结果科学、公平、合理是远远不够的。这里，就需要第三方检测认证机构的介入。第三方检测认证机构是一种服务性质的，对食品进行第三方检测认证的机构。该机构必须独立于政府和食品出口企业，专门负责对食品进行检验检疫并出具检测报告，进行安全认证。其检验检疫的标准须依据食品安全法，所颁布的认证证书也须得到相关机构的授权和认可。随着全球经济一体化的迅速发展，在国际食品贸易中，对食品安全的第三方检测认证已经越来越得到广泛的认可，一批实力较强的第三方检测认证机构开始进入中国市场。通过第三方检测认证机构来完成对出口食品的检验检疫不仅可以帮助出口企业保障食品的安全性，免于在出口时因检测技术的差距遭遇进口国的贸易壁垒，还可以减轻因由政府来负责检测而产生的行政成本。

进一步完善中国第三方检测认证机制对中日食品贸易中的食品安全检验检疫问题的解决有着以下几方面的促进作用。首先，第三方检测认证机构的介入有利于检验检疫标准在食品生产、加工企业中的贯彻实施。使其对食品安全检验检疫的标准意识贯穿从食品的原料辅料的生产、选择开始，一直到食品的生产、加工、运输、储存和销售等各个环节。其次，由于第三方检测认证机构是独立于政府和企业的专业化认证机构，通过其第三方的身份来对食品进行检验检疫，检测结果相对公平合理。且经其出具认证证书后，第三方检测认证机构还须对该类食品是否能够持续性地符合相关技术标准提供相关证明，并承担结果的公正性和有效性。再次，对于中日食品贸易中难以解决的技术性贸易壁垒问题，如果能够通过第三方检测认证机构进行检测，相互认同对方的检测结果，将会有利于技术性贸易壁垒的解决。使中国的出口食品能够达到日方的技术性标准，顺利进入日本市场，从而促进中日食品贸易的进一步发展。最后，开展第三方检测认证，有助于从前以政府为主导的行政审批性质的认证模式的转换。顺应大形势下的政府职能转变和改革，有利于提高政府的工作效率，也减轻行政风险。

四、技术性贸易壁垒防范手段

技术性贸易壁垒是中日食品贸易中日方通过检验检疫技术标准和措施等手段来实施的。当日本对中国产食品因检验检疫不达标而采取进口自肃或禁止进口措施后，即使双方磋商后又得以恢复进口，但中国产食品在日本消费者心中已存在食品安全隐患的印象。日本即使没有真正采用技术性贸易壁垒，也可通过媒体的宣传，使日本国内的消费者排斥中国产食品，从而达到保护本国食品产业的目的。

（一）及时掌握日本检验检疫技术性标准及措施的动态

日本针对进口食品的检验检疫技术标准和措施根据其国内对食品安全要求的提高也在发生着变化。面对日本复杂多变的技术标准，中国应从政府层面和行业商会层面加强对相关信息的收集以便尽快找出应对措施。政府首先要利用通报制度等渠道，督促各职能部门进行日方新的技术标准和措施的信息收集，并对收集到的信息进行细化、分析，以便能第一时间将相关数据传递到各食品出口企业和检测机构手中。这就需要一套完善的，应对进口国检验检疫标准和措施更新的反应系统和预警机制。仅仅靠对方发布新的标准后再做出相关的风险评估报告远远不能防范出口风险，也无法加强应对日方技术性贸易壁垒的能力。在行业协会方面，目前很多食品进出口大国，特别是发达国家的行业协会在食品贸易中起着越来越重要的作用。由于政府对国际贸易的介入受到 WTO 的约束，行业协会就充当着重要角色。特别是在检验检疫技术的开发和应用上，行业协会可以以联盟的方式从事相关技术的共同研发，共享成果。这样不仅可以节约在技术研发上的成本，还可以提高科技含量，信息共享。在遭遇技术性贸易壁垒时，还可起到磋商和协调的作用，有助于问题的迅速解决。随着日本检验检疫技术标准的继续增加和涉及范围的不断扩大，中国需要及时掌握了解其标准的动态，尽早制定对策，既有利于做好食品出口，避免贸易纠纷，同时也有利于改进中国食品安全检验检疫管理。

（二）完善出口食品检验检疫制度

伴随着 2015 年《食品安全法》的修订和《食品安全法实施条例》的诞生，检验检疫部门对出口食品检测工作的调整也迫在眉睫。如何根据新修订的《食品安全法》进一步完善中国出口食品检验检疫制度，防范进口国的技术性贸易壁垒是当下要面临的问题。根据新修订的《食品安全法》第九十九条的规定，出口食品生产企业应当保证其出口食品符合进口国（地区）的标准或者合同要求。出口食品生产企业和出口食品原料种植、养殖场应当向国家出入境检验检疫部门备案。由此可以看出，新修订的《食品安全法》明确了出入境检验检疫机构对出口食品和其生产企业的监管职责，这在法律层面，对中国的食品安全检验检疫和出口食品的监管起到了重要的促进作用。

首先，2009 年《食品安全法》就对食品的检验检疫标准进行了统一，并根据情况相应地予以更新。同时强调，关于食品安全的标准具有强制性，卫生部门应将目前零散的食品质量标准、卫生标准以及食品行业的其他具有强制执行力的标准进行统一整理，列出国家标准。由于这些检验检疫标准整理的过程对专业技术的要求较高，当务之急是如何有效地将标准进行整合。因此需要检验检疫机构积极配合从事新的技术标准的制定和修订。出入境检验检疫部门应发挥自身的专业技术优势，参与标准的整合工作，加强出口食品企业的备案管理，做好食品安全监管工作。

其次，新修订的《食品安全法》实施后，对食品安全的监管模式进行了改变。导入了风险检测、评估和预警系统。具体由国务院食品药品监督管理部门和其他有关部门在获得有关食品安全风险信息时立即核实并向卫生部门通报，并提出风险评估的建议和提供有关辅助资料。相关部门对该信息进行确认后可迅速对整个食品安全风险监测进行调整，卫生部门还应就风险评估的建议，结合辅助信息和资料得出食品安全风险评估的结果，并及时进行通报。新修订的《食品安全法》第九十九条对于出口食品备案制度也予以了强化。形成了风险监测、风险评估、风险管理的食品安全监管模式，并以此作为制定新标准的科学根据。出口食品检验检疫部门也应根据新修订的《食品安全法》在食品安全监管模式上的调整进行相应的改变，积极配合好对食品安全的风险监管系统，在检验检疫中尽早发现问题，把问题消灭在初始阶段。

最后，新修订的《食品安全法》就出口食品的检验检疫，明确了检验检疫机构的职能划分。贯穿食品生产、流通、消费等各环节的食品安全监管工作由国家食品药品监督管理总局统一协调安排，其他部门主要是农业部和质检总局分别负责产品的种植和进出口。而各级检验检疫机构则由各级政府进行协调，主要职责是发挥检验检疫机构在检测技术上的优势，在食品加工和出口环节的监管过程中与其他监管部门及时沟通，监管好出口食品在农药、兽药、添加剂等的残留限量标准，做好对出口食品企业的备案，完成检验检疫中涉及食品安全隐患的事件等信息的收集、整理和上报。

新修订的《食品安全法》不仅加强了对食品安全的监管，对违反新修订的《食品安全法》的行为也加大了处罚力度。最重要的一点是改变了中国在食品安全上的理念。从食品卫生到食品安全上的转变也是检验检疫部门在食品安全检测的执行上需要做的改变。检验检疫部门不仅要结合实际情况对检验检疫中与新修订的《食品安全法》相矛盾的规章和规范性文件进行修订，保持法律层面的一致性，在内部还应提高检测人员的技术水平，加强人员的培训，提高检验检疫机构的检测能力和食品安全检验检疫的效率。并依据新修订的《食品安全法》逐步完善在食品出口检验检疫环节的法规体系。

五、强化政府责任，提高出口企业竞争力

第一，在检验检疫技术性标准上，中国要通过日方的检测，达到其规定的技术标准就应该从提升自身的检验检疫技术水平入手，除了在科学技术上需要加强对检测技术难关的攻关外，在制度体系上也要做好保障措施。尽快完善关于食品安全的检验检疫技术标准，提高对于农药、兽药和食品添加剂的检测技术，缩小与日本和国际上的技术性标准的差距，缩小中日贸易中受日本食品安全检验检疫技术上的限制。此外，对检验检疫设备应予以更新，

才能应对日本在食品安全检验检疫措施上的不断强化。[88]

第二，应强化政府责任，加强政府对食品生产、加工和出口企业的扶持力度，提高中国食品企业在国际贸易中抵御风险的能力。特别是对于食品出口企业，由于其面临进口国在食品安全准入标准、食品安全检验检疫技术性措施等领域的各种风险，需要承担的成本也较高，政府应适当减轻出口企业的检验检疫费用，降低通关成本，帮助食品出口企业提升食品质量，促进食品贸易的快速发展。

第三，食品行业协会应积极配合政府进行与日本的交流与磋商。对日本更新的检验检疫技术性标准和措施进行研究分析，探讨其应对措施和方案。加强与食品出口企业的沟通，共享日本相关检验检疫措施等信息，并为其能够顺利通过日方的检验检疫提供技术上的支持，尽可能地降低食品出口企业的风险。同时，要提高企业应对食品安全检验检疫措施的能力，还需要对其内部进行结构性调整，提高出口企业的核心竞争力。只有中国出口食品在国际上树立了良好的口碑，才能立足于日本市场，赢得日本消费者的青睐，重塑其对中国产食品的信心。

第五章 中日贸易食品安全监管法律问题

WHO 和 FAO 将食品安全监管定义为："由政府来实施的，为保护消费者的生命健康，保障食品在生产、加工和流通整个过程的卫生安全的强制性措施。"即食品安全监管是通过对食品的检测排除那些质量不达标的产品，通过执法，使消费者受到应有的保护，远离不安全食品的威胁。

第一节 中日贸易食品安全监管法律问题的现状和涉及的焦点

随着国际社会对食品安全的重视，仅仅由政府相关部门来履行对食品安全的监管已远不能达到大众所期望的要求。越来越多的食品生产、加工企业、检验检疫机构以及消费者等都积极参与到食品安全的监管中来。中日贸易食品安全监管法律问题缘于中日两国对食品安全监管的差异性，日本更重视对食品从生产、加工到流通等全过程的监管，监管机构之间的协调性很强，能有效避免产生冲突。而中国的监管模式中各部门之间缺乏沟通，存在监管职责不明晰等问题。

一、问题的现状

（一）"毒饺子"事件引发的安全监管问题

据日本 NHK 电视台 2008 年 1 月 30 日的报道：日本千叶县和兵库县共有10 人因食用了从中国进口的速冻水饺后出现了呕吐、腹泻等食物中毒症状。[89]该报道被日本媒体称为"毒饺子"事件，并结合前几年的中国产冷冻菠菜在农药残留限量上超出日本标准等事件一起大肆宣扬，使日本消费者对中国进口食品的信赖度一时间跌至最低点。日本通过对有食物中毒症状的这10人的呕吐物即中国进口冷冻水饺的包装进行检测后得知，在冷冻水饺的包装袋上检测出一种叫"甲胺磷"的杀虫剂。厚生劳动省将此事向中国驻日大使馆进行了通报，中国质检总局组成专家组对冷冻水饺生产加工企业进行了调查，并召回了企业该批次的所有产品。日本在组成调查团赴中国进行实地调查的同时，也通告各地禁止销售有关冷冻水饺生产加工企业及同一产地的其他产品，涉及的中国出口加工企业多达19家。并要求日本的食品生产企业停止使用中国产的原材料对食品进行加工。在事件原因持续不明晰的情况下，中国派出警方代表团赴日，欲与日方进行交流，共同查明原因。但日方并未对中国警方代表团说明相关的检测情况，也拒绝让中国警方查看现场。最终，中国公安部物证鉴定中心对该批次冷冻水饺和包装进行了检验检疫，发现这种叫"甲胺磷"的杀虫剂很有可能是从食品包装袋外部渗透进去污染到水饺的。在"毒饺子"事件发生两年后才查明这是一起投毒事件。

（二）问题的特点

首先，该事件暴露出中日双方对食品和食品包装上安全监管的差异性。在"毒饺子"事件中，虽然双方都确认是因为这种叫"甲胺磷"的杀虫剂导致消费者在食用了冷冻水饺后出现食物中毒症状，但都否认"甲胺磷"是在本国混入饺子内的。虽然从检测手段上来看，对于"甲胺磷"型号和剂量的选择也会影响到最终对结果的判断，但两国在对食品包装的过程、包装袋的形式和食品保存的条件上都有较大的差距。因此，当中方得出结论认为"甲胺磷"是由包装袋外部渗入进去的时候，日方的态度则是不置可否。[90]其次，两国在食品安全的监管上缺乏配合。"毒饺子"事件发生后，如日本同意与中国警方代表团进行合作，相互之间及时交流原因究明相关信息，事件也不会拖到两年后才得出结论。日本对于两国贸易中涉及食品安全监管事件的这种态度，既不利于事件本身的解决，也凸显了两国在面临突发食品安全时缺乏沟通和事件有效解决的合作机制。最后，根据中国的调查结论，虽然"毒饺子"事件最终定性为投毒事件，但也反映出中国在出口食品的生产、加工和流通环节监管的漏洞。政府没有在食品出口前，对各个环节进行有效的安全检测和监管，才导致了投毒者有机可乘。此案例进一步证明，即使食品本身是安全的，但若在加工、流通环节中，不加强对食品容器或包装材料的严格管理，也可能存在食品安全隐患。而这些问题又往往是为食品安全监管部门所忽视的。

二、涉及的焦点

在中日贸易食品安全监管问题中，主要涉及食品在生产、加工、流通等环节和对食品安全的应急管理机制中存在的问题。

（一）食品安全过程监管的问题

食品从原料的选购，到食品的生产、加工、运输等环节中都有可能出现安全隐患。如不从源头入手，对食品从生产到流通的各个环节进行严格的监管，就无法保证食品"从农田到餐桌"的安全性。因此，食品安全监管工作相当复杂，包括：如农药、饲料等和食品没有直接关系的原料的生产和使用是否安全合理；在食品加工过程中，与食品相接触的工具是否符合卫生标准；从业人员是否达到健康要求；以及食品标签上所提供的信息是否真实有效；等等。通过对整个食品安全过程的监管，杜绝生产源头的食品安全隐患和二次污染。[91]在这个过程中，主要可划分为在原材料生产环节的监管，食品加工环节的监管和食品流通环节的监管。

在食品原材料生产环节，面临在原料的种植过程中因环境污染、农药残留对食品造成的安全隐患。这类污染最容易引发食源性食物中毒。在国际食品贸易中，食源性食物中毒一直威胁着消费者的生命健康，是发达国家和发展中国家都面临的问题。在这个环节对残留农药的监管主要是为了避免生产者想降低成本，提高产量而盲目使用农药、兽药或添加剂，造成食品原材料的药物残留或牲畜的兽药残留超标。中日食品贸易中，中国往往疏于对食物链上游安全隐患的监管，最终造成两方面的不良后果。一方面，食品原材料生产者从低成本的角度考虑，过量使用农药、化肥，不仅对原料本身造成药物的残留限量超标，还容易使药物浸染进土壤，造成循环性污染。另一方面，经济开发对环境的污染日益严重，工业化发展越迅速，对水质、土壤和空气的污染就越深刻。重金属残留在水生物中，又通过食物链层层传递到人类。当这些食品出口到日本时，自然是不能通过对方严格的检查检疫，反过来又会损害到中国食品出口企业的根本利益。

在食品加工环节，中国的食品加工企业水平不一。很多中小企业和一些食品加工小作坊在食品加工工艺上较为落后，设备和卫生条件也达不到保障食品安全的要求，对操作人员的管理也相当松散。导致最终生产加工出来的食品安全质量难以得到保障。对于加工企业的监管，中国主要偏向于企业内部的自行监管。虽然也出台了对食品加工企业的强制性标准，但在标准的执行上难以达到预期的效果。[91] 仍有一些企业出于利益的驱使，违规使用添加剂甚至有毒或过期的原材料加工食品。如前几年在奶粉中添加"三聚氰胺"，面粉中添加增白剂，等等，将不能作为食品添加剂的物品掺到食品中，对消费者的生命安全造成严重的威胁。

在食品流通环节，主要涉及食品的包装、运输和销售过程中的监管。目前，中国对食品的包装大部分还是靠小型企业来完成，难以保障包装容器是否达到食品卫生标准。在食品的运输过程中，由于食品的特殊性，对温度和储存技术的要求较高，一旦达不到储存条件，食品就容易发生变质。在食品的销售环节，销售渠道错综复杂，不仅不利于发生食品安全事故时追溯事故的发生原因，也给一些想以此牟取高额利润的企业提供了便利。在该环节，监管的对象包括食品包装企业的资质、卫生条件和包装容器的安全性，食品运输、储存时的基本条件和消毒效果，食品销售时的假冒伪劣问题和有害物质投放问题。在以上各个阶段的监管漏洞都会造成严重后果。

（二）食品安全应急管理机制的问题

食品安全应急管理机制主要在面临食品安全突发事件时的安全预警和应急处理。食品安全预警包括对相关食品安全隐患的信息进行收集和整理，根据最终分析得出的结果预警，将食品安全隐患降到最低，最大限度避免因食品安全事故而造成的损失。应急处理是在发生食品安全事故时如何制定应对措施，避免危害的扩大化以及开展对责任的追究。从中日贸易中食品安全突发事件中可以看出，目前对食品安全的应急管理还存在预警机制不完善，应急对策缺乏科学依据，责任追究制度不完备，两国沟通交涉体制不成形等问题。

1. 食品安全预警机制的不完善

一是对于食品安全的风险评估严重不足。相较于日本完善的食品安全风险评估机制，中国仅限于对已知的，较为普遍的危害食品安全的有毒物质进行监控。而随着科学技术的发展，会有许多新型的威胁食品安全的有毒物质源源不断地涌现出来，科技创新后，新的加工技术是否会构成不安全因素，中国都较少进行安全评估。二是对食品安全的信息发布迟缓。这主要缘于食品安全监管部门间缺少信息沟通，对发现的食品安全信息不能进行有效的整理、分析。使得对食品安全的信息发布往往滞后，即使其在食品安全预警中占据了重要的地位，也难以发挥应有的作用。

2. 缺乏有效的应急对策

在发生食品安全事故时，除了要尽快找出导致安全事故的原因，还需要以科学为依据，制定出应急对策。原本在食品安全预警阶段，就应该通过风险评估，预测未来的情况并拟出应急预案。预案本身既起到对食品安全事故的预防作用，当事故发生后也可作为应急对策的基础。因此在食品安全应急机制中是非常重要的一个环节。鉴于食品安全事故要经历发生、发展和演变这几个过程，其间的不确定因素很多，需要根据事态的发展随时做出调整。而中国在食品安全事故的处理中由于对信息的来源确定，整理分析不够迅速，不能在第一时间制定事故应急对策，从而影响在应急方案执行和相关资源调配上缺乏有效性。

3. 责任追究制度不完备

对食品安全事件的责任追究是根据所收集到的相关信息，在明确责任划分的情况下执行的。但目前存在的以下几方面的问题导致在事故的责任追究上容易出现责任划分范围不明晰，落实不到位的现象。在食品安全事件的处理过程中，常常存在瞒报、漏报的现象，这反映出面对食品安全突发事件时，事故报告系统存在问题，拖延现象严重，直接导致事态的扩大。事故发生后，对事态的严重性估计不到位，处理措施不得力。而各监管部门之间缺乏配合，使得各部门对事故的应急反应迟钝。以上这些问题都严重影响了对食品安全事故的责任追究，特别是当安全事件发生在出口食品上时，往往给进口国一种中国对食品安全重视度不高的印象，降低中国在国际食品市场上的地位。

第二节　中日贸易食品安全监管法律问题成因分析

中日贸易食品安全监管问题主要是因为中日两国在食品安全监管上的差异性所致。这种差异性包括两国在食品安全监管制度上的不同和监管模式上的差异。

一、中日食品安全监管制度的差异性较大

（一）中国食品安全监管的主要制度

在接连出现了"三聚氰胺奶粉""地沟油"事件后，中国的食品安全监管制度主要是以新修订的《食品安全法》为中心，废弃了以前的免检制度，建立了对食品安全的风险评估制度，信息的公布制度和召回制度等，涉及对食品安全的监管主体和监管标准的相关内容，实现了逐步从事后监督到事前监督的转变。对食品生产企业也实施了生产经营许可制度，从源头上加强了对食品安全的监管。

1. 监管主体

目前中国对食品安全进行的是集中监管，主要由三个部门负责，农业部主管全国初级食用农产品生产的监管工作，国家卫生计生委负责食品安全风险评估与国家标准的制定工作，国家食品药品监督管理总局对食品的生产、流通以及消费环节实施统一监督管理。[92]相较于日本食品安全委员会独立的地位，中国的食品安全委员会从设立之初的议事协调机构到大部制改革后的挂名架空，并不能像日本食品安全委员会那样切实从事对食品安全的风险预测、风险评估和信息发布等职责。因此《食品安全法》虽然从法律层面确立了各部门的职责和分段监管体系，理论上来说明晰了各部门的监管职责，涵盖了"从农场到餐桌"的全程化监管，但监管的实际效果并不理想。

2. 风险评估制度

食品安全风险评估制度是对食品安全性的一种科学的判断，与以固定的食品安全标准来判断不同的是，食品安全的风险评估结合了有可能对人类的生命健康造成危害的因素的预测，以科学为根据，能够更加准确地对食品安全做出全面的判断。从而避免了在发生食品安全事故时因其他因素造成政府对当前情况的判断误差，也减轻了消费者的恐慌心理。新修订的《食品安全法》中规定，食品安全的风险评估由卫生部门负责，为保证风险评估的专业性和科学性，由其组织相关专家进行具体评估分析工作。评估内容包括对食品中的农药、兽药、添加剂、毒素等有可能对人类的生命健康造成危害的物质。不过食品安全的风险评估需要及时的风险监测信息，否则很难对当前的食品安全风险存在的隐患进行评价。与日本的食品安全风险评估相比，中国的食品安全风险评估欠缺透明性。新修订的《食品安全法》出台，风险评估制度建立以来都很少公布相关的食品安全风险信息。风险交流工作的落后直接影响了风险评估工作的开展。加之，食品安全的风险评估是一项系统性和完整性很强的工作，对从事人员在专业技术上的要求和风险评估机构的研究能力上的要求甚高，这也正是中国食品安全风险评估所面临的局限性。

3. 食品召回制度

食品召回制度是一项及时消除食品安全危害的措施，目前在很多发达国家都有一套成熟的食品召回制度。中国在食品召回制度上和日本相比起步较晚，2009 年首次确立了食品召回制度，2015 年新修订的《食品安全法》在2009 年《食品安全法》的基础上做了进一步完善。首先，召回主体为食品生产企业。如发现有危险性的食品应在尚未造成严重后果的情况下上报食品安全监管部门，同时制定召回计划。这原本是为了鼓励企业在发现问题时实施自主召回，从而挽回在市场上的声誉。但实际上大部分食品生产企业为了成本和市场占有率都不愿意自主召回，需要监管部门采取强制措施。其次，在对危害食品召回之后，需要生产企业对其进行补救或销毁。这种缺陷食品召回后的处理程序是为了对生产企业进行约束，杜绝一些企业再次将召回产品投入市场。

4. 信息公布制度

过去，对食品安全信息的公布往往是在发生了重大食品安全事故的时候。各相关部门对外公布的口径不一，公布的信息之间存在矛盾的情况时有发生，加之媒体的炒作，容易造成消费者无谓的恐慌。新修订的《食品安全法》将对食品安全信息统一公布制度纳入范畴，规定由食品药品监督管理部门对食品安全信息进行统一发布，解决了以前信息公布机制上的混乱局面。在公布渠道上，加强了从中央到地方的信息公布网络，中央负责全国性的，地方负责辖区范围内的食品安全信息公布。相互之间相辅相成，纵向和横向的信息相互配合，强调同级食品监管部门之间的信息沟通，确保信息的及时传递和全方位覆盖。

（二）日本食品安全监管的主要制度

作为食品进口大国，日本一直重视食品安全监管法律制度建设。2003 年日本再次对食品安全管理体制进行改革时大幅度修改《食品卫生法》，并于2003 年 7 月 1 日起施行了《食品安全基本法》。根据《食品安全基本法》的规定，在内阁府增设了食品安全委员会。依托行之有效的食品安全检测制度，日本已经形成了高效、科学、灵活的食品安全监督管理体系。

1. 食品安全过程化管理制度

日本以前对于食品安全的监管主要采取的是对产品品质安全实施检查的手段。但随着科学技术的发达，不仅对食品的检查逐渐变得复杂起来，对食品生产的卫生和品质管理也越来越受到重视。消费者希望通过食品生产企业对卫生管理的透明化，来保证自己所选择产品的安全性。但各个食品生产企业在对这些问题的管理手段上各有不同，在没有统一的标准下，这种分散的管理方式效率相当低。为了更加科学、严格地管理食品在生产、加工、流通这一系列过程中的安全，日本导入了危害分析重点控制制度（HACCP 制度）、良好农业规范制度（GAP 制度）和食品安全追溯制度。

（1）HACCP 制度

HACCP 制度是在食品的制造过程中，对有可能影响到人类生命健康的危险性因素进行分析，并进行重点管理以此来确保生产出来的食品的安全性。

HACCP 原本是 NASA 用来对宇航员食品安全进行监管的体系，由 NASA 和 Pillsbury 公司共同开发，是一种生产过程中的食品安全管理手段。随着食品安全问题在国际贸易中越来越受到各国的关注，一些发达国家相继将 HACCP 纳入食品监管体系中来。1995 年，HACCP 作为"综合卫生管理制造过程"被引入修订后的《食品卫生法》第十三条，当时是将其定位于以"一律标准"为基础的卫生管理方式的例外措施。依据 HACCP 生产食品的企业可向厚生劳动省大臣提出申请，请求其进行确认，便可获得 HACCP 的承认效力。因此，HACCP 在日本进化为一套独特的承认制度，时效为 3 年。3 年后可根据情况对相关内容予以更新，没有进行更新的企业将被取消 HACCP 的承认。在日本，HACCP 并不是强制性的，是根据食品生产企业的申请而进行的认证。与传统的抽样检查不同，HACCP 在食品的生产过程中设立了若干重点检查的点，对这些点进行重点监控，以便应对随时可能发生的危害。因此，HACCP 的重心在于对食品安全事故防患于未然。而又因为它是非强制性的，所以更多的是强调企业自身所采取的措施。[93]

　　在日本的食品生产企业只有在满足了以下条件才可以向厚生劳动省大臣提出申请或变更部分已被承认的内容。首先，申请的产品必须是由政令规定的食品；其次，申请的企业在食品的生产过程中，包括食品的原料采集、制造、加工等环节都采用了 HACCP；再次，采用 HACCP 的各项基本指数都符合厚生劳动省的要求；最后，具备并按要求向厚生劳动省提交了相关证明材料。在以上条件同时满足时才可获得 HACCP 的承认。鉴于企业可以任意选择是否采用 HACCP 制度，可以看出，HACCP 的实施在短时间内会增加企业在食品生产中的成本，不利于企业效益。但从长期来看，HACCP 制度保障了所生产食品的安全性，使其在市场上有较强的竞争力，而日本政府也对于采用了 HACCP 制度的企业予以贷款和税收方面的优惠政策①。这也可以理解为日本为推广 HACCP 制度所采取的措施，旨在企业自愿而非政府强制推行。

---

　　① 参见日本《关于食品制造过程高级化管理的临时措施法》第十条、十一条。2008 年取消税收优惠，但仍保留贷款优惠。

（2）GAP 制度

GAP 制度是对农业生产过程进行的管理制度。旨在树立良好的农业规范，利于经济和环境的可持续发展。GAP 制度最初源于欧洲，基于民众对食品安全、农业环境保护、动物福利、生物多样性的维持等问题的关注度的高涨等综合因素的考量形成的"良好的农业规范"概念。目前在欧洲除了政府外，农业生产者、食品生产者和非政府组织都致力于这一目标的实现。这也正是 GAP 的特征之一。大型销售企业、食品企业和非政府组织的积极参与，不仅促进了 GAP 的普及和国际联合组织的形成，还发展了通过 GAP 认证食品的生产、流通、销售的方式。日本选择以 2003 年 7 月实施的"生鲜水果、蔬菜卫生管理规范"为参考，2004 年开始正式普及对生鲜农产品生产阶段的安全管理。目前，日本食品市场的大多数蔬菜、水果等农产品的生产地都引入了 GAP 制度，并进行认证。

在日本推行的 GAP 制度，远远达不到像欧洲那样包含了对环境、动物福利、生物多样性等的考虑，也不是依靠民间力量进行推广的。从 2005 年开始，日本农林水产省为了确保农产品的品质和安全性，认为有必要从农产品的生产阶段开始推行 GAP 制度，并将此项工作作为农林水产省工作的重点，在同年度的财政预算中拨出专项资金指定了几十家企业负责推行。同时召开了各种关于 GAP 推进和交流的研讨会，通过生产地实证研究来彻底普及农产品的生产工程管理。2006 年农林水产省制定了《GAP 问答手册》，对于 GAP 的认证的步骤有了更明确的说明：在确立了生产方法后，将每次实施的过程记录在册，研究其过程中的缺陷和原因为下次的改进做铺垫。以上步骤的循环实施就形成了日本 GAP 的认证体系。在农产品生产的过程化管理中，预防可能发生的危害，将损失降到最低。

与 HACCP 制度相比，GAP 制度对农产品生产过程中的管理主要倾向于通过步骤的反复实施，从中积累经验，改进生产方法，从而达到抑制风险的目的。而 HACCP 则是通过对危害临界点的控制来抑制风险的发生。这主要是因为 GAP 针对的是农产品的生产过程的监管。农产品的生产是受到气候等不确定因素的影响，因此，在国际上尚没有对 GAP 统一标准的情况下，日本的 GAP 认证标准结合了国内的自然环境等因素，还可根据各地气候的不同进行调整。对 GAP 制度的实施，和 HACCP 一样，不具备强制性，日本对于 GAP 的推行采用引导的方式，是否采用由农产品生产者自行决定。

（3）食品安全追溯制度

日本的食品安全追溯制度旨在发生食品安全事故时，能够更加及时迅速地找出原因，防止问题食品在市场上的扩散引起更大的损失。该制度通过对食品生产、加工、运输、销售等全过程的安全监控，设立安全信息数据库。"在发生食品安全问题时可以根据数据库追溯还原到所涉及环节，不仅有利于问题食品的召回，还能从根本上保证消费者的合法权益。"[94]食品安全追溯制度的实施将日本食品安全过程化变得更加透明化，提高了本国食品在消费者心中的可信度。作为过程化管理制度的一环，追溯制度需要确保对食品生产企业、加工企业和流通环节中的运输、销售企业的监控不能出现脱节现象。一旦中间某一环节连接不上都会降低其追溯力。[95]所以，在食品安全追溯制度中，追溯方案的制定对整个食品安全追溯的实施起着至关重要的作用。

2. 食品安全标准制度

食品安全标准制度旨在促进国内食品市场的安全秩序，综合了科学技术等方面的成果，包含国家标准、地方标准、行业标准和企业标准。

（1）国家标准

国家标准也就是 JAS 标准。JAS 是一种以保证食品品质为中心的标识制度。可分为根据农林水产大臣规定的规格，对检查合格产品标注 JAS 记号的"JAS 规格制度"和为了帮助一般消费者进行选择，要求所有生产者必须以农林水产大臣制定的品质标示为基准进行标注的"品质标示基准制度"两种。[96]所设立的标准的对象主要有农产品、水产品和相关加工产品。国家标准在日本食品安全标准中具有权威性，大部分都参照了国际标准，但由于日本国内消费者对食品安全的要求颇高，因此又结合了国内的具体情况进行了改进，使得制定出来的很多标准要高于国际水平。

（2）地方标准

食品安全的地方标准是由日本地方的公共团体制定的，具有明显的地域性特征。为了避免和国家标准相矛盾，同时保证地方标准的制定具有科学性，各地方公共团体在标准的制定时如不参照国家标准，对制定出来的本区域的标准需要上报相关部门备案。如是在参照国家标准的情况下制定的，也可根据本地区在环境、气候等方面的需要，经相关部门批准制定高于国家标准水平的地方标准。

（3）行业标准

行业标准是由行业协会或团体在国家食品安全部门的指导下自行制定的行业内部食品安全标准。该标准由于技术性优势较大，主要用于弥补国家标准和地方标准尚不完善的地方。在等级上并不高于国家标准和地方标准，因此在采用时只有在国家标准和地方标准都还未有涉及或规定模糊时的某些领域才有可能被允许设定和使用。

（4）企业标准

在国家标准、地方标准和行业标准都没有参照的时候，各食品企业可制定一套企业食品安全标准作为食品安全生产的依据，报国家食品安全部门备案。[97]企业标准的出现缘于食品生产、加工和包装中科学技术的进步。随着新的产品和添加剂的出现，食品加工时加工技术的进步，食品包装时包装材料的更新，对食品安全造成了很多不确定因素。现有的国家标准、地方标准和企业标准也有无法涵盖的地方。因此，企业根据自身情况设定内部标准就变得很有必要。

3. 食品安全信息收集制度

食品安全信息的收集直接影响到食品安全风险预测、风险评估和危机应对措施的制定。日本为了全面准确地收集相关信息，创立了许多信息收集的方式和制度。如设立食品安全监督员，收集相关专家和国民个人的意见，设置食品安全信息收集和发布的设施和发现食物中毒事件时的报告制度。

（1）食品安全监督员制度

日本是以食品安全委员会为中心建立了信息收集体系，以此来作为食品安全风险评估的材料来源。食品安全委员会本身只承担一部分的信息收集工作，同时将通过其他渠道收集到的食品安全信息进行统计、分析，以此为依据进行风险评估。为了能够更好地收集各方面的意见，食品安全委员会设立了食品安全监督员制度。该制度规定：食品安全监督员主要负责收集与食品安全相关的日常信息，并对经食品安全委员会审核后的相关信息进行修正；

对于食品安全监管措施的反馈意见和食品安全事故的处理意见进行整理；及时将收集的相关信息提交食品安全监督员联合会。由于食品安全信息涉及食品生产、加工和流通等环节，覆盖了各个层面的消费者，因此，其来源渠道也具有很强的复杂性。除了从食品生产、加工企业收集信息之外，日本食品安全信息的来源还包括对相关专家、消费者和国外的食品安全监管机构等。充分体现了日本在食品安全信息的收集中的全面性和中立性。

在食品安全信息的收集和发布设施的设置上，日本充分利用互联网对信息交换的便利，通过食品安全委员会建立了网站专门负责食品安全信息的收集和发布。国民可以直接登录该网站查询经过食品安全委员会分析整理过的相关信息。还可利用网站上的食品安全电话提供食品安全事故的相关细节或身边的食品安全危害等信息。食品安全委员会会定期将网站中受关注较多的食品安全问题进行整理，对相关质问进行解答后，将整改措施和状况说明公布于网站上。此举在食品安全委员会和普通消费者之间建立起了一条方便有效的食品安全交流通道。不仅有助于政府公信力的提升，及时解决出现的食品安全问题，还为食品安全委员会的风险预测、风险评估和应急对策提供了重要的参考。

（2）食物中毒报告制度

修订前的《食品卫生法》规定，只有在日本取得医师资格证的医师对食品中毒才负有报告义务，如非专业医师，即使第一时间获悉食物中毒的相关信息也没有义务报告。这原本是认为食物中毒事故发生时，一般首先知道的应该是医师。所以如果医师对事故信息隐瞒不报将会承担相应的法律责任。[98]但2003年日本在修订《食品卫生法》时，一些专家建议将该条进行修改。将仅限于医师的这项义务扩大到当每一位消费者发现或怀疑有食品中毒事故发生时，都有报告的义务。这样就可以尽早地采取应对措施，防止危害的扩散。不过也有人认为，消费者虽然享有消费安全食品的权利，但不应该要求其承担食品安全的义务。对于食品中毒事件的上报，《食品卫生法》中有严格的程序规定：医师在进行相关检查后如发现该症状有可能是因为食物中的残留农药、兽药、添加剂、毒素，或者是通过食品的包装渗入导致食物中毒的，须在24小时内上报本地区的保健所长。在对该信息进行核实后，由保健所长报告给各地知事，同时展开调查，上报其调查结果。各地知事在了解相关情况后要进一步上报厚生劳动省大臣。厚生劳动省在收到食物中毒事件的相关信息后，应立即采取应对措施。为了防止危害性的扩散化和预防类似食物中毒事件的再发，厚生劳动省还需每年对该类事件的具体数据进行评估、分析和归档，并制定出相应的对策。

（二）中日两国食品安全监管制度的对比

日本于 2003 年推出《食品安全基本法》后，《食品卫生法》就进行了大幅度修订，实现了从保障食品卫生到食品安全的过渡。内容包含了食品生产流通过程的监管，逐步形成一套完善的食品安全监管体系。对食品安全的监管工作变得更为细化，各监管机构之间分工明确，相互协调。对于突发性食品安全事件的危机应对越发有经验，有效地遏制了类似食品安全事故的再次发生。而在中国，对食品安全监管条例性的法规较多，很多方面的规定都过于笼统，使得各监管部门之间缺少沟通，在处理食品安全事件的时候缺少法律依据，相互之间容易推卸责任。此外，在食品安全过程化管理中，对食品生产的过程化监管作为目前国际上先进的食品安全监管措施，早已被日本纳入整个食品安全体系中去，并已总结出一套成熟的经验。但中国对过程化的监管缺少相关的配套法律制度作为支撑。

此外，中国相关法规虽多，也有专门的《食品安全法》，不过因为新修订的《食品安全法》实施仅 2 年，不同的部门制定的法规法章使得中国的食品安全制度规定体系较为分散，调整范围较窄。在法律的执行上对法律调节的空白地带容易出现无法可依的情况。在法律效力方面，中国食品安全的规章多于法规，而零散的食品安全规章的效力有限，难以处理越来越复杂的食品安全事件，因此，对于相关法律的修订、完善迫在眉睫。反观日本，对于食品安全监管的制度都是基于《食品卫生法》和《食品安全基本法》两大法来制定的，各制度之间协调有序，并根据《食品卫生法》和《食品安全基本法》的每次修订结果进行适当的调整，确保能够及时有效地解决发生的食品安全问题，避免类似问题的重复发生。

二、中日食品安全监管体系不同

在食品安全的监管上，中国不论是在监管机构的设置上，还是在具体实施的效率上与日本相比都存在不小的差距。

（一）中国食品安全监管体系

2015年4月全国人大常委会通过了《食品安全法》。该法实施后也没能有效遏制食品安全事件的频发。从"毒奶粉"到"地沟油"事件，充分暴露出中国在食品安全监督管理体系上仍然存在严重不足，这些不足既有制度层面的问题也有操作层面的问题。

在监管主体上，虽然承担法律责任的中心由被监管者转移到食品生产者，但是对消费者权益的保护仍然不够。对已发生的食品安全事件，除了监管部门的负责人员要接受行政处分外，食品生产者和销售者也要承担行政责任、民事责任和刑事责任。但由于食品安全侵权行为具有损害范围广、受害人数众多、损害结果在短期内难以发现等特点，现行的民事责任制度在解决赔偿问题时仍然面临如下难题：一是对损害的范围难以确定，赔偿的数额难以计算；二是加害人难以确定或无法全部确定；三是社会保险与保障制度不完善，当加害人出现资不抵债情况时，不能通过风险分担机制来保证受害人得到足额赔偿。在"三聚氰胺奶粉"事件中，广大受害者至今不能得到足额赔偿就是例证。

在监管体制的运行上，中国食品安全监管体制运行不畅，缺少第三方监督机构。这种监管体制以国家食品安全管理职权为核心，强调国家权力对食品安全的保障作用，对社会监督、行业监督特别是消费者监督重视不够。尽管公众对食品安全的关注度很高，但是在食品监管过程中的参与程度较低，参与渠道匮乏。而且这些第三方监督主要集中于事后监督，缺少对事前监督和事中监督的法律授权与鼓励措施。这种运行体制不但不利于消费者维权，在某些情况下事实上还放任了生产经营者的违法行为。此外，还存在企业自律性较差和未能有效发挥行业协会作用等问题。如企业不能自律，就很难建立起防止食品安全事件发生的预防机制，而食品行业协会的监督作用有限，也无法全面地对食品安全进行保障。

中国食品安全监管体系存在的上述不足，在面临当前食品安全事件频发的严峻局面时，常常疲于应付，似乎没能找到解决问题的良策。为了从根本上扭转这种被动局面，必须深入分析产生这些问题的根本原因。总的来看，中国食品行业（包括饮食行业）的生产技术比较落后，但是这个行业的价格竞争却异常激烈，加之进入食品行业的门槛较低，使得众多规模较小的生产经营者长期处于低回报的状态，为了追求利润哪怕是非法利润，部分生产经营者就可能采用非法手段来降低生产成本。在"地沟油"事件中，以饮食垃圾炼油的行业就是一个暴利产业。事实上，从收购到加工再到销售，各个环节都关系到很多人的切身利益，已经形成了"一条龙"式的链条。可见，生产经营者对非正常、非道德利润的追求是难以从源头上杜绝"地沟油"的深层次原因。

从主观上分析，无论是立法还是执法，尚未建立起权力服务权利的基本理念。一方面，除在立法上对消费者权益保护关注不够外，在对违法者的处罚力度上也不够，导致违法者的违法成本低。例如，中国新修订的《食品安全法》第一百二十三条规定，没收违法所得和违法生产经营的食品，并可以没收用于违法生产经营的工具、设备、原料等物品；违法生产经营的食品货值金额不足一万元的，并处十万元以上十五万元以下罚款；货值金额一万元以上的，并处货值金额十五倍以上三十倍以下罚款；情节严重的，吊销许可证，并可以由公安机关对其直接负责的主管人员和其他直接责任人员处五日以上十五日以下拘留。另一方面，在执法过程中也存在不严格等问题。这些现象主要表现为：监督走过场、监管不彻底；运动式整治为主，监管不能常态化；不主动出击，防患于未然。从客观上分析，分散经营模式增大了食品监管难度。中国的食品行业生产经营比较分散，特别是食品加工企业，上规模的较少，大部分产品由手工作坊式的小企业生产。这些小企业设备落后，卫生环境不合格，对具体操纵人员的监管不严格，极易发生微生物污染食品的情况或在加工过程中非法加入添加剂。在落后的分散经营模式下，食品质量很难保证，也给食品监管带来相当大的难度。由于对食品的源头污染难以监控，一旦出现食品安全问题，很难像日本那样集中处理和综合管理。上述原因集中导致了中国食品监督管理的制度缺失与操作缺位。

（二）日本食品安全监管体系

日本是当今世界食品安全监管体系最为完善、措施最为严格的国家，建立有专门的食品安全监管机构和完善的食品安全监管法律制度，曾经长期拥有"安全神话"。近年来由于其食品安全环境发生了较大变化，发生了一些安全事故，其法制也在不断完善之中。

1. 监管主体

食品安全历来是日本国民极为关注的敏感课题。过去日本对食品安全监管也是多头管理，直到2001年"疯牛病"事件暴露了日本食品安全监管机制上存在的问题，日本《食品安全基本法》才规定设立食品安全委员会。

虽然日本食品安全委员会的地位较高，但其构成却相对简单。该委员会由七名委员组成，其中三名为兼职，任期三年。为确保中立性和可靠性，委员会成员全部为民间专家。委员会下设置了规划、风险沟通、紧急应对三个大的专门调查会和事务局，处理委员会的事务。为了保证委员会的有效运行，主要建立了如下几种实施机制：

第一，风险评估机制。这是食品安全委员会的最主要职能。食品安全委员会设立后，将风险评估与风险管理明确区分开，由其通过科学分析方法，对食品安全实施检查和风险评估。这种风险评估又称作"食品对健康影响的评价"，是根据科学知识，对食品本身含有或加入食品中的影响人身健康的生物、化学、物理上的因素和状态进行评价，来判断其是否影响人身健康以及影响的程度。[99]风险评估包括危害识别、危害特征评估、暴露评估和风险特征评估。危害识别是确定人体摄入化学物后的潜在不良作用，这种不良作用产生的可能性，以及产生这种不良作用的确定性和不确定性。换言之，也就是确定食品中化学物质、微生物甚至寄生虫可能对健康造成的危害。随后，还将就它的性质和剂量的反映关系等危害特征进行进一步评估，知道它在多大剂量时产生什么样的危害。在这一阶段，用量和反应的关联性是根据有毒物质、个体的敏感性、健康影响等几方面而产生不同变化的。在危害确立后，对每人每天吃进去多少就会产生危害进行暴露评估。最后，将人体的暴露量和安全摄入量进行对比，根据以上三方面信息估计在某种暴露条件下对人群健康产生不良效应的可能性进行风险特征评估。[100]食品安全委员会有别于一般的审议会，它具有劝告和劝告后的监督职权。根据风险评估结果，通过内阁总理大臣劝告相关各个大臣所应采取的食品安全政策，并监督所采取政策的实施状况。此外，食品安全委员会还负责对风险管理部门进行政策指导与监督，根据风险评估结果要求风险管理部门采取应对措施并监督其实施。

第二，风险沟通机制。这是日本食品安全委员会机制运行的重要环节。在食品安全监管中，食品安全委员会和厚生劳动省、农林水产省分别扮演的是风险评估和风险管理角色。委员会进行风险评估后，厚生劳动省和农林水产省对其评价结果和内容等信息，与相关人员交换意见后决定减轻或回避风险的政策与措施。同时，委员会通过各种形式与消费者、食品关联企业等广泛交换信息和意见。例如，在委员会官方网站上公布相关资料和会议记录，并就已完成风险评估的案件向国民募集意见，在全国范围内召开意见交流会和食品安全监测会，并发送相关电子杂志等，以各种方式进行沟通。[100]这样，就形成了委员会、行政机构、消费者与企业的多方信息沟通渠道。国家行政机构负责搜集、整理并提供与食品安全相关的信息；地方公共团体负责对本地区存在的具体的食品安全问题提出应对措施；食品生产、流通、销售环节的关联企业负责就相关环节中存在的食品安全问题提供信息并积极配合应对；消费者负责对食品安全问题发表意见，切实参与到风险评估和风险管理中。信息沟通机制集中了各方面优势，使食品在各个环节中存在风险的相关信息能够在第一时间进行交流。食品安全委员会事实上起到了与各省厅、企业以及消费者的协调功能。[102]

第三，危机应对机制。在发生紧急事态时，委员会负责对国内外危机情报进行搜集与分析，与风险管理机关信息共享，就其上报的紧急情况提出危机应对要求，并向国民提供科学建议。委员会还可请求相关行政机关的试验研究机关为食品影响健康评价实施必要的调查、分析和检查，还可依法向相关大臣提出请求。当然，日本政府也会成立临时性应急总部，由以食品安全担当大臣、厚生劳动大臣、农林水产大臣、食品安全委员会委员长和其他食品安全担当大臣认为必要的相关大臣组成。总部事务局设在食品安全委员会事务局内，负责收集紧急事态的信息，交换食品安全委员会和风险管理机关的信息，提供紧急应对总部进展的信息。食品安全担当大臣根据食品安全委员会的报告或者风险管理机关的请求做出判断，或者自主做出判断，认为有必要以阁僚级综合应对时，则可以指示食品安全担当室迅速实施紧急协议。担当室根据指示，通过食品安全委员会和风险管理机关的信息联络窗口，要求食品安全委员会和风险管理机关联络信息，调整实施紧急协议。在总部会议召开的同时，还要召开部局长级的食品安全行政相关府省联络会议。[103] 为了能够熟练应对紧急情况，2006 年食品安全委员会还首次举行了大规模中毒事件紧急应对演习，以提升委员会内部应对紧急事态的能力，力求在危机产生的第一时间做出反应，提供相关信息以缓和国民的不安情绪。

2. 监管体制的运行

日本制定了《食品卫生法》和《食品安全基本法》。《食品卫生法》是日本食品安全监管的主要依据，该法涉及对象广泛，要求厚生劳动省与地方政府共同承担责任。并对食品添加剂的规制进行了调整，将添加剂的范围扩大到包括天然香料等在内的化学合成品的范围。强化了国家和地方自治体，以及食品关联企业的责任。同时推进残留农药标准的制定，导入了食品残留农药肯定列表制度，由厚生劳动大臣制定农产品食品的残留农药等标准清单，对超过许可标准的农产品食品禁止其流通。设立了综合管理制造过程制度，通过弹性的规制来实现多样化的食品制造加工。[104]

《食品安全基本法》在食品安全法中具有基础性地位，它不仅将消费者的食品安全权利明确化，而且也对食品供应过程的各个阶段采取必要措施以确保食品安全。其最大特色是引入了风险分析手法来防止和降低因摄入食物中有害物质而造成的危害。这是一种防止、抑制对健康造成不良影响的科学方法，主要由风险管理、风险评估和风险沟通三要素组成。根据《食品安全基本法》的规定，在内阁府还增设了食品安全委员会。[105] 并以此为中心，结合厚生劳动省和农林水产省，建立了高效灵活的食品安全监管体系。此外，日本还制定了《关于食品制造过程高级化管理的临时措施法》《家禽规制法》

等配套法律，旨在对食品的加工进行过程化监管，从而降低食品安全隐患。在食品安全监管上，日本有以下几点经验值得中国借鉴：

第一，建立专门的食品安全监管机构。日本不仅在厚生劳动省和农林水产省设有专门机构，而且在政府内阁也设有食品安全委员会。食品安全委员会的主要职责是评定食品对健康的影响，并督促各个政府部门采取相关对策，调查审议食品安全政策的重要事项，就食物事件、紧急事故做出回应等。食品安全委员会负责进行食物的风险评估，而厚生劳动省及农林水产省则负责风险管理工作。[106] 其风险评估机制、风险沟通机制和应急反应机制相互结合，及时发布食品安全信息，与消费者及食品生产企业进行沟通，在食品安全的风险规避和危机应对上起到了至关重要的作用。这有助于准确界定食品中所含成分对人体健康的不良影响，为风险控制提供决策依据和选择，明确政府、研究机构、企业、消费者在食品安全问题上的功能与定位。风险管理机关则从对以食品质量、卫生标准为主的检验监督转为对风险源、风险项目、风险过程为主的监督，并科学地传达到消费者，使人们正确认识和处理食品安全风险，既保障人身健康安全，又避免出现不必要的群体性不安。[107] 食品安全委员会的设立结束了厚生劳动省和农林水产省在食品安全管理上各自为政的局面，实现了食品安全一元化领导的体制。

第二，多个部门分工合作、齐抓共管。日本的农林水产省和厚生劳动省在职能上既有分工，也有合作。农林水产省下设有五个局。其中的消费安全局是负责与食品卫生安全相关的主要部门，其管辖范围包括生鲜农产品以及加工产品的安全性，侧重于农产品的生产和加工阶段。厚生劳动省下的医药食品局主要负责与国民生命健康直接相关的问题。其下的食品安全部则负责场所的卫生状况、食品安全的标准，以及进口食品、添加剂的卫生检查。侧重于食品的进口和流通阶段。农药、兽药残留限量标准则由两个部门共同制定。

第三，注重食品安全的风险评定与风险管理。日本和美国都十分重视食品安全管理方面的预防措施，并以实施风险管理与科学的危害分析作为制定食品安全政策的基础。风险管理的首要目标是通过选择和实施适当的措施，尽可能控制食品风险，保障公众健康。日本食品安全委员会还把科学判断食品对健康的影响与具体检验限制所采取的对策分开，即把风险评定和风险管理分开。食品安全委员会通过评定食品对健康的影响，据此要求厚生劳动省、农林水产省等部门采取相应对策，有关省厅再采取使用或限制进口等具体措施。

第四，企业自律与第三方监督相结合。日本在经历一系列食品安全事件后，食品安全监管从以生产者为对象逐步调整为重视消费者权益，食品生产和加工企业的严格自律在保障食品安全中也同样起着举足轻重的作用。食品企业高度重视自己的声誉，出现问题后会在第一时间主动召回不合格产品。相反，如果企业忽视这项责任，一旦问题曝光，立刻身败名裂，几乎等于宣告了企业破产。在美国政府推行的第三方监管体系中，食品行业协会和消费者是监管的重要执行者。在这项体系之下，企业自我约束成为规范企业行为的重要方式，同行业的竞争对手则成为彼此最自觉的监管者。它使日本的食品安全监管实现了由"单一管理"到"全过程化管理"，由"政府管理"到"食品企业自觉管理"的转变。国家存在的目的是实现并强化社会整体利益，社会性规制就是体现国家这种职能的一个重要内容。因此，维护社会整体利益就是社会性规制所必须遵循的首要原则和核心价值。在对食品安全进行规制的过程中，引入独立的社会力量，势必会对规制主体产生监督的作用，从而确保规制措施更具有科学性和可行性。

第三节　解决中日贸易食品安全监管法律问题的路径选择

中日贸易食品安全监管的问题主要在于两国在食品安全监管上的差异。进一步分析，其实是中国的食品安全监管在监管模式和制度设计上落后于日本，在具体实施时才会出现类似于"毒饺子"事件等的问题。对于以上问题的解决，需要中国在理顺食品安全监管体系的同时，建立风险管理和通报机制，加强食品安全的软科学研究。

一、进一步完善中国食品安全监管体系，加大处罚力度

党的十八大以来，党中央、国务院进一步改革完善食品安全监管体制，

着力完善统一权威的食品安全监管机构。2013 年食品安全监管体制改革，确定了食品安全集中监管模式。2015 年新修订的《食品安全法》保留了食品安全委员会，主要负责统筹部署食品安全工作，而具体工作由新设立的国家食品药品监督管理总局承担，对食品生产、销售和餐饮服务进行统一监督管理，这一体制调整有利于解决分段监管体制下造成的监管责任不清、相互推诿等问题，真正做到全链无缝监管。

此外，中国现行食品安全法律责任的制度缺失问题，主要是立法滞后造成的。为了改变这种现状，立法必须紧跟社会现实生活的客观需要，突出对消费者权益的保护，进一步明确食品安全监管中各主体的法律责任，加大违法者的违法成本，从而为食品安全监管体制改革提供制度保障。在处罚力度上，可借鉴日本的做法。依照日本《食品卫生法》第七十一条的规定："违法者最高可判处三年有期徒刑和 300 万日元罚款，对企业法人最高可处以 1 亿日元的罚款。"对于严重的恶意违反食品安全法律规定的行为，可给予永远禁止进入食品领域进行营业的处罚，从而达到大幅减少甚至消灭企业非法经营活动的目的。从完善刑事处罚入手，加大对食品安全犯罪的打击力度，也是保障食品安全的重要手段。

二、建立食品安全风险管理机制，设立第三方监督机构

第一，建立食品安全风险管理机制。在实践中，一旦发生了食品安全事件，监管部门才开始出面召开会议商议解决方法。例如，"地沟油"事件经新闻媒体披露后，国家食品药品监督管理总局才发布紧急通知，要求对相关企业进行"安检"。这种事后处理方式不仅不能有效控制食品安全事件的发展态势，也不能满足消费者对事件处理的期望。而日本强调对食品安全风险全面防范的同时，也充分保障了公众的知情权。消费者可通过专门的公开网站了解有关食品安全的任何信息。日本在农林水产省下设消费安全局的做法，不仅消除了之前部门分割的弊端，还加强了风险管理机关之间的合作机制。这种做法对中国建立完善的、系统的食品安全风险管理机制很有借鉴价值。

第二，建立风险通报机制。随着国际食品贸易的不断发展，中国作为食品出口大国，对食品的生产、加工、流通和消费已经不限于在国内范围内。

国际食品贸易拉长了原有的食品链，因此，通过贸易国之间的协调、合作，共同治理贸易中的食品安全问题已成为大趋势。除了需要政府间、行业组织间、学术研究机构间的信息交流与沟通，促进食品安全生产技术的发展，安全标准的制定，形成食品安全管理的国际网络外，还需要根据国际贸易中食品安全风险的跟踪及流通建立食品安全风险通报机制。在基于对国际上食品安全数据收集的基础上，搭建技术平台。

第三，设立第三方监督机构，提高企业自律能力。保障食品安全，除了依靠政府监管，还需要第三方的监督和食品生产经营者提高自律意识。新修订的《食品安全法》第十二条规定："任何组织或者个人有权举报食品安全违法行为，依法向有关部门了解食品安全信息，对食品安全监督管理工作提出意见和建议。"但是，对于在具体实施操作中该如何保障其能够顺利地施行，目前尚缺乏相应的保障措施。在这方面应借鉴日本的做法，建立第三方监管机构，赋予其信息披露的权力，相信能够对食品安全监管起到意想不到的效果。在日本，绝大多数食品企业都能够在原料的选择，食品的生产加工过程中严格监控到每一个环节，保障食品的卫生安全，并将整个安全生产情况对外进行全面公开。不仅如此，日本还很重视企业的召回责任。企业不仅要承担召回所产生的费用，还要向消费者道歉。中国企业也应根据食品生产工艺的特点，从原材料进厂到最终检验，全程监测和控制食品生产，完善企业内部质量控制、监测系统和质量可追溯体系，从而强化自身管理。

三、树立企业诚信经营理念，加强抽查力度

在国际食品贸易的市场竞争中，企业的诚信度关乎所生产的产品在国际市场上的竞争力。中国因为国内三聚氰胺、瘦肉精等食品安全事件，以及在食品出口日本时频繁被发现农药、添加剂超标等食品安全问题，食品出口、加工企业在国际上存在诚信缺失危机。在食品出口时，除了食品自身的特殊性容易造成的风险外，大部分还是中国企业在食品生产、加工和流通过程中的违规操作所致。应树立企业诚信经营理念，建立企业的食品安全信用档案，定期向社会公布相关信用记录，形成社会监督机制，杜绝个别食品出口加工

企业在食品的生产、加工过程中滥用农药、添加剂的行为。此外，在食品安全的监管中，还应加大抽查力度和覆盖层面，对食品生产许可证进行严格管理，对存在食品安全隐患的企业予以曝光，加强对不符合市场准入条件的企业的处理，直至吊销其营业执照。同时持续对问题企业整顿后的后续监管，避免问题食品再次进入市场流通。

第六章 中日贸易食品安全法律 问题解决之展望

中日贸易中的食品安全问题是两国贸易面临的重要挑战。随着全球经济一体化和国际食品贸易的快速发展，中日食品贸易还面临如疯牛病、口蹄疫等新的食品安全问题。这些问题的解决除了利用 WTO 争端解决机制外，多哈回合农业谈判的发展进程和中日韩自贸区的建立也起着不可忽视的影响。对内还应积极促进中日双方的磋商，尽快完善国内食品安全法律体系，避免上述问题的再次发生。

第一节 WTO 争端解决机制与中日贸易食品安全问题

实践证明，WTO 争端解决机制对解决国际贸易中的争议是行之有效的。在中国与日本之间有关食品安全标准制定、检测手段和监管体系存在的差距无法短时间改变的状况下，充分研究 WTO 争端解决机制对食品贸易中相关问题的解决方式有助于缓解中日贸易中的食品安全问题。

一、WTO 争端解决机制的特点及对食品安全问题解决的作用

（一）WTO 争端解决机制的特点

WTO 的争端解决机制除了汲取 GATT 争端解决机制中的优点外，还总结其在实际运用中的经验，并进行了改进，这就使得 WTO 争端解决机制呈现出以下特点。

第一，建立了统一的争端解决机制，扩大了适用范围。专家组在针对某

项贸易纠纷时可以将相关的 WTO 规定进行统和参考，不仅有效提高了解决速度，还避免了 GATT 争端解决机制中各项规定过于零散化的问题。第二，专门设立了管理机构处理国际争议。专门机构的设立是 WTO 争端解决机制的一大亮点。主要负责接受专家组提交的报告，监督裁决的执行情况，授权停止履行协议下的其他义务等。[108]第三，对工作时限进行了明确规定。为了提高争议解决的效率，对于争议解决的各阶段设定了工作时限，为受害方的救济争取了更多的时间，也使争议各方增强了解决争议的信心。第四，采用"反相一致"原则。该原则最大的优点是可以排除因一些成员方的故意阻挠而使得争议久久不能得到解决，提高了 WTO 争端解决机制的实际操作效果。这也是 WTO 争端解决机制有别于 GATT 争端解决机制的地方。第五，设立了上诉机构。上诉机构的存在可以对专家组的评审报告进行审核，防止发生错案。同时还可以对相关规则进行解释，使同类案件避免了因规则的不明晰而导致争议案件的复杂性。第六，对最终的裁决可强制执行。这一特点是在 GATT 争端解决机制的基础之上发展起来的对争端解决机制中最终的实施进行管理的规则，涵盖了监督执行和执行期限等内容。有效地保障了争端解决机构做出的裁决可以得以落实。第七，对报复性措施加强了管理。为了加大制裁力度，对于在期限内拒不执行裁决的成员方可采取交叉报复。所谓交叉报复，是指可以跨部门、跨协议进行报复的手段。[109]该机制的导入大大提高了 WTO 争端解决机制在国际纠纷解决中的成效。不过，为了避免交叉报复给国际贸易带来过度的损害，也制定了相应的严格的制约措施。如报复措施的实施必须由 WTO 争端解决机构授权，除特殊情况外，交叉报复措施的实施应在相同部门之间，不可单方面进行报复，等等。[110]第八，WTO 争端解决机制考虑了发展中国家和最不发达国家的特殊性。为了促进发展中国家和最不发达国家也能积极应用 WTO 争端解决机制来处理国际贸易中的纠纷，在充分考虑了以上两类国家的特殊性后，《谅解》在第二十四条为发展中国家和最不发达国家列出了特殊程序，以此增加它们对 WTO 争端解决机制的信赖。

（二）对解决国际贸易中食品安全问题起到的作用

WTO 争端解决机制以专家组的调解为核心，除在特殊情况下允许将报复措施或强制执行作为最终手段外，主要是以和平解决国际争端为目的，纠纷各方都能如愿达成相互之间都满意的结果。同时，为了保证 WTO 争端解决机制的公平性，以提供法律援助的方式为发展中国家和最不发达国家提供帮助。该机制的诞生解决了大量国际争端，在发展 WTO 实体法的基础上，保障了国际贸易的正常秩序。

在对国际贸易中食品安全问题的解决上，WTO 争端解决机制主要起到了以下几方面的作用。首先，WTO 争端解决机制在国际食品贸易这一新领域所受理的纠纷案件逐年增多。从澳大利亚与加拿大之间的鲑鱼案，到日本与美国之间的水果品种测试案，欧盟与秘鲁之间的沙丁鱼标签案，都总体上反映了 WTO 成员方对争端解决机制的信赖。其次，贸易中有关食品安全问题的纠纷多数都是经磋商解决的，这也符合 WTO 争端解决机制本身致力于和平解决的宗旨。在这一点上，上诉机构和专家组对各成员方的威慑力也是促进各方磋商解决争端的重要因素之一。再次，在食品贸易中存在许多像中国一样的发展中国家，WTO 争端解决机制对发展中国家和最不发达国家的关注不仅提高了它们的参与度，也有效推动了国际食品贸易的发展。[111] 最后，很多有关食品安全问题的贸易纠纷都包含了农产品和水产品等大类，涉及的相关 WTO 协议中又多是框架性或弹性条款，因此，在解决上就更具灵活性。在 WTO 争端解决机制对于磋商的时间没有明确的限制下，更利于双方以和解的方式来解决问题。可以说，对于由国际贸易食品安全这一新型且复杂的问题所引发的纠纷，WTO 争端解决机制在总结了多边贸易争端的经验的基础上，是一种独特的和平解决的制度。

二、利用 WTO 争端解决机制解决中日贸易食品安全问题

WTO 争端解决机制对于国际贸易中食品安全问题的解决起到了很大的推动作用。中国应在积极利用其对发展中国家的优惠待遇，促进中日贸易食品安全问题的解决。

（一）中国利用 WTO 争端解决机制的意义

改革开放以后，随着经济的快速发展，中国在国际贸易中的地位也显得

举足轻重。在全球经济一体化的大环境下，中国与 WTO 的关系日益密切，国内经济与世界经济也日渐融合。对于中日贸易食品安全问题，WTO 争端解决机制显然是一种重要的解决手段。

1. 提供了保护机制

中国加入 WTO，除了可以与国际接轨，带动进出口贸易的发展外，还可以利用 WTO 争端解决机制所提供的多边保护机制来处理如中日贸易食品安全问题等贸易纠纷。在中国与日本进行磋商、谈判的时候多边保护机制有助于中国谈判地位的提升。其他成员方的介入也有利于中国得到更多的支持。在中日食品贸易中，出现的食品安全问题往往是通过双边谈判来予以解决，在中国对外贸易发展越来越迅速的今天，诸如此类的贸易问题会越来越多。[112]而双边谈判更多地倾向于实力取向，如果在双边谈判中实力不足以与对方抗衡，就会处于被动状态。此时，多边保护机制就可方发挥作用，避免中国在问题的解决中孤立无援。

2. 对不合理措施有制约作用

WTO 争端解决机制为国际食品贸易提供了一个良好的贸易环境。在具体的实施上，具有操作性很强的特点，不仅对贸易争议的适用范围、解决的程序做了详细的规定，还设立了如专家组、上诉机构等各种专门机构来协调处理。尽可能地使结果公平、公正。此外，WTO 争端解决机制对于一方所提出的不合理措施也具有一定的制约作用。在处理国际贸易中一方提出不合理措施时，依据 WTO 争端解决机制的规定，可能会遭到报复性措施，面临补偿。这样一来，就会直接导致各项成本的增加，从侧面抑制了不合理措施的出台。

3. 争端的解决具有灵活性

WTO 争端解决机制旨在国际争端的和平解决，比 GATT 争端解决机制在规则和程序上更加规范、更具预见性。除了通过专家组程序等通过司法解决途径来解决争端外，传统的磋商、斡旋、调节和调停也是争端解决的主要方法。由于可以在司法解决过程中终止程序转而采取以上方式，使得 WTO 争端解决机制具有很强的灵活性。而正是这种灵活性才促使了大部分国际争端的有效解决。[113]在中日食品贸易中，这一点显得尤其重要。中国一直倾向于以政治外交手段来解决国际贸易中的问题，配合 WTO 争端解决机制所提供的多种途径，更有利于中日贸易中食品安全问题获得公正、迅速的解决。在对 GATT 争端解决机制进行了完善后，越来越多的发展中国家参与其中。而中国又是国际食品贸易中的贸易大国，所涉及的贸易问题能够获得迅速、有效的解决对中国具有重要意义。

（二）充分利用 WTO 争端解决机制解决中日食品安全问题

面对中日贸易食品安全问题，中国应积极推动 WTO 争端解决机制的改革，在保障发展中国家的公平性基础上，利用发展中国家的优惠待遇，加强与日方的沟通，来解决中日贸易中的食品安全问题。

1. 积极推动 WTO 争端解决机制的改革

一方面，应该保障 WTO 争端解决机制的公平性。在很多有过食品安全的贸易纠纷案件中，双方对于食品安全所涉及的"科学证据"都容易存在冲突，这时候就需要专家组进行专业调查，不能单方面接受进口方的证据，而需要启用中立的科学机构对此做出判断。如果规制一方在能充分说明理由的基础上拒绝协商，那么也可认定其没能履行风险评估义务。[114] 不过，一些发达国家成员也有可能通过协商的方式，故意拖延，使作为出口国的发展中国家在诉讼上消耗更多的成本，最终因无力支撑而受到更大的损失。[115] 这就无法保证其公平性，目前也是 WTO 争端解决机制需要进一步改进的地方之一。虽然在国际食品贸易中，WTO 的很多协议条款都规定不能以保护食品安全为名对出口国设置贸易壁垒，但实质上，WTO 争端解决机构在面对这些问题的时候往往都偏向于对进口食品设置了较高门槛的发达国家，不认定其做法是贸易壁垒。这使得很多作为出口方的发展中国家要承担越来越多的义务，而作为进口方的发达国家在进口标准等的设立上则拥有越来越大的空间，即便是很多标准在 WTO 相关协议中并没有被明确规定。这种偏袒性的做法使一些贸易壁垒趋于合法化，不利于维护国际食品贸易的公平秩序。[116] 中国作为发展中国家，受限于能力和资源上的不足，在参与与日本一些发达国家的磋商与谈判时显得力不从心。如对方借此在时间上进行拖延，中国将承受高昂的谈判成本。要改变这一现象，须加强 WTO 争端解决机制的公平性，避免其受到一些发达国家的不正当利用。在改进措施上，应对一些框架性、概括性的差别待遇条款进行补充和修改，使其在实践中具有可操作性。对一些发展中国家提供技术和法律援助，让其在磋商、谈判中可以充分援引相关条款作为依据。并帮助其培养和发展自己的法律专家，来应对日益复杂的国际贸易中的食品安全问题。还应减轻发展中国家在参与争端解决时的经费负担，不要让参与成本成为其对 WTO 争端解决避而远之的理由。

另一方面，应提高 WTO 争端解决机制跨政府专家合作上的权威性。目前，WHO 和 CAC 是公认的国际贸易中食品安全领域的专门机构，在处理食品安全问题中，对科学证据的收集具有很强的专业代表性。不过，面对国际贸易中日益复杂的食品安全案件，现有的专家队伍中也容易出现意见相左等问题，WTO 争端解决机制需要更具权威性和科学性的专家队伍，以此来保证最终科学结论的证明力。这就需要对专家评选的标准、责任等这些问题做出进一步明确的规定。中国需要积极参与到全球性专家治理机构中去，培养更多法律和技术上的专业人才，在国内扶持一批行业组织和非政府组织参与到国际贸易中食品安全问题的解决中去，提高与其他成员方的沟通能力，促进 WTO 争端解决机制的内部改革。

2. 利用发展中成员方在争端解决中的优惠待遇

WTO 争端解决机制对于发展中成员方的优惠待遇包含在协商阶段和专家组阶段和执行阶段。除了对发展中成员方存在的特殊问题给予特别关注外，为了顾及发展中成员方的利益，还允许专家组成员中至少有一名是来自发展中国家。在法律咨询和帮助上，秘书处也积极配合，选派相关专家予以支持。在最终的执行上对发展中成员方的特殊情况也进行了充分的考虑。这些优惠待遇虽然目前仅仅是一些框架性的规定，或是执行中可进行灵活的安排，但的确是为发展中国家（地区）在利用争端解决机制时创造了相对宽松的环境。中国在食品贸易中应积极利用这些特殊的差别待遇维护自身利益，并促进相关条款的日益完善，让国际社会更多地关注发展中成员方。在实践中，就自然离不开发展中成员方之间的相互合作。

从以往的国际贸易食品安全问题的案件中可以看出，WTO 争端解决实际上是当事国在实力上的较量。而这种较量往往是发达国家占据上风。即使最终的裁决是对发达国家采取制裁措施，在力度上也很难动摇其根本，或者被其架空。最终发达国家仍然可以随心所欲。现今，WTO 成员方一半以上都是发展中国家，如果彼此之间加强合作，达到联合的效果，就足以对发达国家利益集团产生威慑力。在实践中，需要从以下几个方面加强发展中国家的合作。

一是在国际食品市场的占有率上应联合发展中成员方，形成可以抗衡发达国家经济活动的一股势力。这样不仅可以使双方可以站在同一平台上进行公平对话，为和平解决问题创造条件，还可以制约发达国家的行为，使其不能无视发展中国家的存在，继续我行我素。二是加强发展中成员方之间的沟通。在 WTO 争端解决中，发展中国家在法律和技术上都处于劣势。虽然争端解决机制给予了发展中国家相应的帮助，但还远远不能满足实际要求。发展中成员方之间可以加强合作，优势互补，资源共享。建立统一的法律或技术专家服务机构，为相互之间的交流创设渠道。三是在国际争端解决中，应强调发展中成员方的集体行动。以第三方的形式介入争端，这样可以降低成本，促进争端的有效解决。还可在报复行为上弥补单一国家实力薄弱等不足。四是在对争端解决机制相关条款的修订中，发展中国家应统一方向，联合起来发挥自身的优势，争取更有利于发达国家的结果。

3. 以多种方式解决争端

协商是 WTO 争端解决机制众多解决途径中最具有效率和经济性的一种方式。在面对中国与日本贸易中的食品安全问题时，协商实质上起到了政治外交解决的作用。这种方式是双方利用自身在国际上的政治经济地位对另一方产生影响，从而达到将产生的争议消弭于无形的效果。以这种方式解决争端，可以最大限度避免采用报复措施，减少当事国的诉讼成本，促进纠纷的和平解决。该方式的优点在于实施上灵活性较强，适用范围广泛。当事国在整个争端解决过程中始终处于主导地位，充分体现了对当事国主权的尊重。以政治外交手段解决争端时，同时也可以采用其他方法，不必局限于以该手段来解决纠纷。由于受政治因素影响较多，各成员方可以通过直接或间接谈判解决。

当然，以政治外交为主的解决方式也需要确定的规则和司法机制的保障。

参与沟通的当事方如若受到权利大小的限制，就是失去彼此之间的平等地位，使双方的关系失衡。因此，在地位不对称的情况下，政治外交手段就不是解决争端的首选。而 WTO 争端解决机制的司法途径更具稳定性，可以保证给弱势一方的发展中国家带来更有利的条件。[117]在国际食品安全领域，原本主要是属于 WHO 和 CAC 的专业范畴，但它们都仅仅将决策权局限于专业技术范围内，而强调尊重 WTO 争端解决的最终裁决。这说明国际贸易中的食品安全问题已成为 WTO 争端解决机构关注的焦点，在公平、透明地解决国际食品安全问题时比其他机构更具稳定性和可预测性。因此，在 WTO 争端解决机制下利用多种方式解决争端才是化解中日贸易食品安全问题的最佳途径。

4. 加强对 WTO 食品贸易争端解决案例的研究

WTO 的相关协定都是经过成员方长期艰苦的谈判而达成的。由于是各方利益冲突和妥协的结果，在一些条款上使用了模糊性语言来搁浅争议，导致许多问题尚存在许多不明确和不完整。WTO 争端解决机制在很大程度上对那些模糊的条款进行了解释和发展。为了更好地利用争端解决机制解决中日贸易中的食品安全问题，中国可设立相关专门机构来处理相关事务。而机构的组成人员需要为国际贸易、国际法和外语等方面的专业人员，这样有利于对 WTO 食品贸易争端案例展开研究，准确理解 WTO 相关协议中的实体权利义务。[118]特别是针对发展中国家的规定的解读和贸易中食品安全案例的分析。WTO 争端解决机构的裁决书是依据 WTO 各协议的相关规定，进行具体分析后得出的结果，案例的针对性强，内容丰富。对这些案例进行研究分析，总结出其中的经验教训，不仅有利于中国在参与相关规则的谈判时，将自身利益更多地体现其中，选择更经济、快捷的途径解决争议，还有助于在国内的推广。

第二节 多边谈判对中日贸易食品安全问题解决的影响

在多边谈判中，多哈回合农业谈判和中日韩自由贸易区谈判的进程也是影响中日贸易食品安全问题解决的重要因素。如何利用多边谈判所产生的积极效应来解决中日食品安全问题是今后需要探索的解决途径之一。

一、多哈回合农业谈判

多哈回合贸易谈判是 WTO 所发起的新一轮多边贸易谈判，在世界贸易组织第四次部长级会议中启动了谈判议程。多哈回合贸易谈判所涉及的议题众多，过程艰难而漫长。而农业谈判由于关乎各国的民生等切身利益，一直是各方争执最多，也是整个谈判议程的焦点所在。一是因为农业问题的重要性和复杂性，它事关各方的切身利益和长远发展；二是因为谈判各方立场相去较远，互不相让。各成员方都将主要精力用于提出、阐明和讨论各自的谈判立场。其中，发达国家和发展中国家之间，还有农产品出口国和进口国之间，以及各个利益集团内部都存在不同程度的冲突。

虽然经历了一波三折，在各成员方的努力下，多哈回合农业谈判也取得了一定的成果。如 2004 年达成的《多哈工作计划》，2005 年在中国香港达成的《部长宣言》，对于农产品的市场准入条件、国内支持以及对于发展中国家的特殊和差别待遇方面都有突破性进展。虽然接下来的几次谈判在相关议题上最终都无果而终，但连续关于农业议题的谈判，也让各方就其中一些核心问题达成了一定程度的共识。[119]2008 年根据共识形成的"7 月案文"，虽然并不具有法律地位，但为今后谈判的顺利进行做了重要铺垫。2013 年 12 月，在世贸组织第九届部长级会议上形成了《巴厘一揽子协定》，实现了多哈回合"零的突破"。特别是在农产品市场准入的谈判中，对 2004 年的《多哈工作计划》进一步深入挖掘，细化了其中很多还很模糊的条款。如关于农产品的特殊保障，对特殊产品和敏感产品的处理以及关税的升级和简化等。而在国内支持方面，也包含了蓝箱支持和当国内支持造成贸易扭曲时的整体减让等内容。

（一）积极影响

多哈回合农业谈判给中国食品贸易所带来最大的影响就是有利于农产品的出口，特别是在中国市场占有率较大的产品上，起到了推动作用。农业谈判中提出对关税和当国内支持造成贸易扭曲时进行减让，扩大进口，对特殊产品的支持，以及对发达国家和发展中国家在期限内取消出口补贴等要求很大程度上改善了农产品国际贸易的综合环境，促进了中国在优势产品上的出口。中国出口日本的食品中，菠菜、大葱等蔬菜类产品，禽畜蛋类及其加工产品都占了很大比例。多哈回合农业谈判推动了国际贸易自由化的发展，为中国优势产品的出口提供了很大空间。

此外，多哈回合农业谈判对中国国内农业支持政策的改变起到了促进作用。特别是"绿箱"中提出的对农业基础设施的管理，农村就业方针的设计，水土等资源的质量管理等方面的支持。"蓝箱"则变得操作性更强，取消了以产量为前提的要求。此外，在对国内生产企业的出口补贴上，与"黄箱"的要求相比较，中国还留有一定的余地，因此，中国还可以继续对国内农业的财政支持，同时改进传统农业在技术和生产加工工艺上的落后局面，大力发展现代农业。不仅可以提高农民的收益，随着农业生产的现代化进程，还可以在很大程度上避免因技术、工艺落后而造成的农药、添加剂残留超标等食品安全问题。

（二）消极影响

一方面，对中国在国际食品贸易中的食品安全提出更严峻的挑战。多哈回合农业谈判加快了农产品贸易自由化的进度，越来越多的国家开始注意到粮食的安全问题。中国每年的粮食生产出口量在国际贸易中都占了很大份额，而贸易自由化进程加快后，农产品的出口贸易量也将大幅度增加，这在一定程度上也加大了在贸易中食品安全上的风险，使中国相关出口生产加工企业面临这一方面所带来的影响。[120] 在多哈回合新一轮的谈判中，农业议题的谈判除了围绕特殊保障机制和关税以及国有企业对农产品贸易产生的扭曲作用外，食品安全问题在某种程度上也将成为影响谈判的因素。

另一方面，在非关税贸易壁垒的问题上，多哈回合农业谈判对发达国家和发展中国家规定了取消出口补贴的期限。这将导致国际贸易中的农产品价格的上涨。而中国农产品在国际上的比较优势很大程度都是基于价格优势。如对日出口的产品中，大葱、大蒜等产品比日本本国生产的价格低十几倍。这也是中国产食品能够在竞争激烈的国际市场上有立足之地的一个重要原因。多哈回合农业谈判的这一举措将加大中国这种以劳动密集型的农业生产方式出口农产品的国家在低价农产品的出口上的力度。而像日本这种农产品进口大国则必然会为了保护本国的相关产业采取贸易保护措施。[120]如设置技术性贸易壁垒，提高一些中国产的低价产品的准入门槛等来限制进口。由此又可能在进口准入标准和检验检疫措施上诱发新一轮因食品安全问题而引起的贸易纠纷。

二、中日韩自由贸易区谈判

中日韩三国无论是在经济地位还是在政治影响上在亚洲都举足轻重。在2011年的第四次中日韩领导人会议上确定于次年开启中日韩自由贸易区的谈判，并将谈判的核心内容锁定为农产品贸易的市场准入问题。2015年5月，在韩国首尔举行的中日韩自贸区第七轮谈判首席谈判代表会议中，三方就货物贸易、服务贸易、投资、协定范围领域等议题深入交换意见。2017年4月，中日韩自贸区第十二轮谈判首席谈判代表会议在日本东京举行，主要就服务贸易管理措施进行了全面细致的政策交流。中日韩自由贸易区谈判一旦成功，将预示着彼此之间农产品贸易市场的开放。中国作为重要的农产品出口国，这一市场的开放将直接关乎中国的农业生产。日本作为亚洲最大的农产品进口国，在国内农业保护政策和对进口农产品的制约上会有何种程度的调整都是谈判的重点，也加大了谈判的艰巨性。

（一）中日韩自由贸易区谈判的焦点

中日韩自由贸易区的谈判将焦点集中在农产品的市场准入上。三国中，中国是最大的农产品生产国和出口国。在亚洲甚至整个国际食品贸易市场上对外出口额所占的比例都相当大。而相较之下，日本和韩国由于地域和资源等因素，又是农产品进口大国，因此对进口农产品的准入要求往往较高。在中日韩三国的农产品贸易中，一方面中国向日韩出口的产品很容易受到诸如准入标准、检验检疫措施和关税等市场准入要求的制约。这种非关税贸易壁垒也使三国在农产品贸易中容易产生因产品农药、兽药和添加剂没能达到准入标准，或检验检疫方法、技术标准与进口国存在差距难以通过对方的检测而导致食品安全问题的频发。[121]另一方面，日本和韩国对国内食品安全问题相当重视，而相关产业又较为薄弱。为了免于受到进口产品带来的冲击，日韩往往对国内的农产品投放更多的支持政策和保护措施。来自中国的农产品就更容易被阻拦在外，难以在日韩市场体现其竞争优势。这样的结果使得日韩市场的开放举步维艰，在中日韩自由贸易区的谈判中也是最难以达成三国共识的地方。目前，日本和韩国对市场开放的条件是进口的产品不会对国内的相关产业构成威胁，才会适度放开进口食品市场准入的要求。因此，在接下来的谈判中，中日韩自由贸易区是否能够建立，农产品的市场准入是关乎成败的一步。

（二）谈判对中日贸易食品安全问题的影响

就目前中日韩三国所达成的共识中，主要包括农产品贸易中的关税削减、配额和农产品特殊保障机制等方面的内容。谈判就关税的削减模式、涉及范围和限定期限进行了磋商。在涉及关税的谈判中，中国认为在自由贸易区内应完全开放农产品市场，倾向于对关税进行封顶，日本和韩国两国则持相反态度，认为农产品市场的完全开放会冲击到本国的相关产业。[122]在中日韩自由贸易区今后的谈判中如果能够打破这一僵局，将会有利于中国农产品出口贸易额的增加，对日韩两国的国内农业政策的调整也会产生重要影响。在涉及农产品特殊保障机制的谈判中，日韩基于自身利益的考虑，实践中经常牵涉农产品特殊保障机制的滥用，造成贸易自由化的扭曲。即使中日韩达成共识有意在一定期限内逐渐取消该机制在实践中的应用，但这种共识并不具有强制执行力。在短期内不能废止该机制的情况下，对外，中日韩三国应在下一阶段谈判中力求寻找一个平衡点，通过三国已签署的相关协议，在实践中逐步地进行过渡。对内，中国应提高自身产品在国际市场的竞争力。除了已有的价格优势外，还应在食品安全上下功夫，加强食品安全的监管，提升检验检疫技术，在市场准入标准的制定上与国际接轨，产品的竞争优势才会得到可持续发展。

在涉及非关税贸易壁垒的谈判中，目前日韩基于政治和经济上的压力，在国内农业政策的制定上都倾向于对本国产业的保护。因此，对于进口产品设置了一系列的非关税贸易壁垒。这不仅不符合WTO促进贸易自由化的初衰，也不利于中日韩自由贸易区建成后各方在农产品市场准入标准上的透明性。特别是日本在这一方面尤为突出。相较于中国和韩国，日本在进口农产品的市场准入上设置的标准严格且复杂，与之相对应的相关法律根据需要随时修订、更新。使国外农产品出口企业难以掌控。[123] 而韩国虽然在准入标准上透明性较强，但对产品的原产地带有明显的歧视性。特别是对疫情地区的产品一般拒绝其进入国内市场，甚至对于来自疑似疫区的也不例外。[124] 日本和韩国的这种非关税贸易壁垒的设置也正是因为有国内的农业保护政策做支撑，因此对于谈判中做出的相关承诺迟迟难以履行。这将成为中国农产品出口的巨大障碍。在中日韩自由贸易区的谈判中，这一障碍的逾越需要日本、韩国两国调整国内农业保护政策，尽快履行所做出的关税化承诺。在市场准入标准的设置上与国际标准同步，严格遵守 WTO 透明度原则，才有利于缓解中日韩自由贸易区中非关税贸易壁垒等问题，促进相互之间农产品贸易的进一步发展。[125]

第三节　中国应对中日贸易食品安全问题的策略

为了促进中日食品贸易的健康发展，中国应积极创造一个有利于国际食品贸易的良好环境。在国际层面，努力建设和谐的多边和双边贸易关系，保障中国出口食品的质量，应对贸易壁垒。在国内层面，政府应做好战略上的调整，健全中日食品贸易协调机制，积极推行科技兴贸政策；企业应重视产品技术的自主创新，提高环保意识，做好跨国经营。

一、提高贸易壁垒的应对能力

中国目前在出口食品上的优势主要集中于劳动密集型产品。作为一个食品贸易大国，这样的产品虽然在价格上占有很大的优势，但由于其生产机构简单导致工艺技术落后，食品安全标准化程度低，监管出现空白，直接影响到所生产食品的质量。这样就很容易导致在国际食品贸易中出现食品安全问题。或是标准低于进口国要求，或是技术上通不过对方检验检疫措施。随之造成国外消费者对中国产食品产生的信赖度降低，使得原本是比较优势的低价格在国外市场反而招致安全度低下的嫌疑。[126]中国尚处于经济发展阶段，在食品安全领域一些标准还尚未达到国际要求，在制度建设上也存在漏洞。特别是在食品安全检验检疫上技术手段的落后难以适应越来越重视科学检验检疫的国际食品贸易规则。出口食品不能通过对方的检测，对进口食品也无法设置相关的限制性措施。发达国家以技术性标准或卫生标准为由，运用绿色贸易壁垒所采取的贸易保护手段，对中国传统的劳动密集型产品的负面影响越来越大。

作为食品出口大国，面对以上中日贸易中存在的食品安全问题，应该从一种全新的角度去分析解决。一方面，对于进口国设置的贸易壁垒，中国应在提出合理依据的基础之上据理力争，从解决的效率上出发，选择更利于问题的快速解决的途径。但是无论是利用 WTO 争端解决机制中的政治与外交手段还是走司法解决路径，都应采取主动才能赢得更多的贸易机会。[127]另一方面，在面临不得不采取贸易保护措施时，中国应积极应用 WTO 相关协议中所赋予的权利和对发展中国家的特殊条款，并以此为依据证明保护措施的合理性。同时结合 TBT 协议和 SPS 协议中相关条款所预留的回旋空间，最大限度地降低贸易损失，维护中国食品出口企业的利益。

二、调整政府和企业的出口战略

(一) 政府的战略调整

第一，应加强与贸易对象国之间的合作，建立和谐的双边或多边经贸关系。要做到这一点，改善与对方的政治关系是首要前提。特别是在中日食品贸易上，如没有良好的政治关系，将会很大程度上影响两国之间的经济关系，制约双方在贸易上的进一步发展。因此，中国在推动对外贸易的同时，也应积极促进相互之间的政治交往，为经贸合作创造一个和谐的氛围，从而达到经济与政治关系之间相互促进、相互推动的良性循环状态。

第二，应建立中日之间的食品贸易协调机制。在两国贸易中出现食品安全问题时往往由双方政府出面，经过多次磋商、协调才得以暂时解决。一旦问题再次发生，又必须经过同样的方式。这样虽然最终达到了所预期的结果，但在时间上耗费过长，经过媒体的渲染，甚至会由食品安全问题演变成政治问题。不仅不利于两国食品贸易的发展，也不利于创造一个安定的政治环境。[128]因此，建立中日食品贸易协调机制在一定程度上可以缓和食品贸易中的纠纷，在发生食品安全问题时，也可以通过食品贸易协调机制在可预计的时间和范围内进行解决，避免了以前问题解决中的耗时耗力。中国要进一步融入世界经济，在国际食品贸易行业站稳脚跟，就要在贸易中处于主动地位，争取自己的发言权。在提升产品质量的同时，也要积极通过各种途径维护自身的权益。

第三，应着手对产业内部结构进行改革，推行科技兴贸战略。近几年的中日贸易食品安全问题，主要都集中在劳动密集型，且附加值较低的初级产品。这类产品占中国出口日本食品总量的很大比例。由于科技含量低，可替代性强，价格在日本国内同类产品中具有很大的竞争优势。但正因为如此，一旦这类产品的进入对日本食品市场中相关产品造成威胁时，日方就很有可能采取贸易壁垒措施，以准入标准不达标或不能通过本国的检验检疫为由将中国产品拒之门外。原本在食品科学技术方面中国就较为薄弱，受技术层面的限制，在食品检验检疫措施上的不完善，或食品加工、运输过程中因包装等问题导致有毒物质渗入食品，使之在出口时被检测出残留农药、兽药或添加剂超标而无法顺利进入对方的食品市场。因此，要从根本上解决中日贸易食品安全问题，还需要推行科技兴贸战略，提高产品的科技含量和检验检疫技术，规范食品安全监管制度，才能应对日方设置的贸易壁垒。

（二）企业的策略调整

企业首先应提高自身的自主创新能力才能在国际食品市场上具有可持续的竞争优势，而这和企业自身素质是密不可分的。从出口日本的食品中，常常发生食品安全问题的都集中在初级农产品部分。从事生产这些产品的企业往往规模不大，组织上也较为分散。在面对激烈的市场价格竞争时，鉴于企业自身在生产技术、生产工艺上的局限性，所生产的产品大多价格低廉但质量上却很难达到食品安全的标准。这种重产量轻质量的生产方式使得中国食品在进入国际市场后无法应对激烈的竞争态势。在价格和产量上都处于优势的产品也容易陷入"比较优势陷阱"。因此，中国企业应构建一套自主创新体系，增强食品工业的竞争力。逐渐由劳动密集型向技术含量较高的精细型产业过渡。并借鉴国外企业的成功经验，重视食品科学技术的发展，加大研发力度，实现企业的可持续发展。

其次，国内企业应提高环保意识。现今很多发生在中日贸易中的食品安全问题大多都出在食品生产、加工环节。这缘于国内食品企业在生产、加工过程中环保意识不强，一味地追求低成本和高产量而忽视环境影响。而在全球食品贸易中，对环境污染的关注已超越国界，环境问题成为全世界都须努力解决的问题。环境作为一种重要资源，对环境标准设置较低的国家会加快资源的消耗和污染速度，最终丧失在国际市场的竞争力。而在生产中环境标准设置较高的国家则会努力提高环境保护技术，从中获益。中国食品企业须认清目前面临的严峻的环境形势，树立绿色观念，重视企业发展的宏观效应和长远效应。提高绿色质量意识，着力于对绿色食品的开发，增强国际竞争力。

最后，企业应着眼于国际食品市场，建立跨国经营机制。目前中国的食品生产、加工企业的经营主要是面向国内市场。实施国际化经营的企业较少，个别企业虽然引进外资，在技术和营销上为自身奠定了一定的国际化基础，但很少有企业走出国门。这一方面反映出中国企业的规模不大、技术水平不高。另一方面，则是因为食品本身所受环境、气候等自然条件的影响较大，存在很大的不确定性。但在全球经济一体化的推动下，国外很多食品企业开始从事食品的跨国生产、销售。中国作为食品贸易大国应顺应大趋势，走出国门，以主动出击的方式才能在激烈的食品贸易竞争中占据一席之地。

参考文献

［1］李中东，张在升．食品安全规制效果及其影响因素分析［J］．中国农村经济，2015（6）：74 - 84.

［2］涂永前．食品安全的国际规制与法律保障［J］．中国法学，2013（4）：135 - 148.

［3］周超．国际法框架下我国转基因食品标识制度的完善［J］．求索，2016（6）：53 - 57.

［4］曾文革，林婧．论食品安全监管国际软法在我国的实施［J］．中国软科学，2015（5）：12 - 20.

［5］董银果，李圳．SPS 措施：贸易壁垒还是贸易催化剂——基于发达国家农产品进口数据的经验分析［J］．浙江大学学报（人文社会科学版），2015（2）：34 - 45.

［6］刘芳．WTO 框架下 SPS 措施的合法性问题研究［M］．北京：法律出版社，2017.

［7］毛雪丹，于航宇，吕涵阳，等．2013—2014 年食品安全相关 WTO/SPS 通报措施分析［J］．中国食品学报，2016，16（5）：130 - 135.

［8］师华，徐佳蓉．WTO《SPS 协定》与我国农产品应对 SPS 措施对策研究［M］．北京：知识产权出版社，2015.

［9］梅田浩史．輸入食品の安全対策の現状と課題（特集 衛生監視・指導行政の現状と課題）［J］．The journal of public health practice，2017，81（8）：640 - 646.

［10］藤吉智治．ポジティブリスト制度施行 10 年目を迎えて［J］．二

ューフードインダストリー，2016，58（6）：19－23.

［11］郭修平. 粮食贸易视角下的中国粮食安全问题研究［D］. 吉林农业大学博士论文，2016.

［12］王禹. 新形势下我国粮食安全保障研究［D］. 中国农业科学院博士论文，2016.

［13］D Faour-Klingbeil，ECD Todd，V Kuri. Microbiological quality of ready-to-eat fresh vegetables and their link to food safety environment and handling practices in restaurants. LWT-Food Science and Technology，2016（74）：224－233.

［14］伊藤優志. 中国のフードチェーンを巡る状況（第1回）中国の食品産業を巡る状況［J］. 輸入食糧協議会報，2017（747）：24－35.

［15］小林元.「成長産業としての農業政策」と農協改革：大衆統合の対象から、産業政策の対象へ（農協改革を協同組合から問う（2）［J］. にじ：協同組合経営研究誌，2017（661）：40－48.

［16］岸克樹. 国際化には周回遅れの食品安全規格（特集 徹底解説・GAPを説く）［J］. AFC Forum ：agriculture，forestry，fisheries，food business and consumers ，2017，65（7）：7－10.

［17］國井義郎. 農業経営法人化および農地集約化の現状と課題：「食料・農業・農村基本計画（平成27年策定）」の実施状況を中心として［J］. 農林金融，2017，70（8）：426－448.

［18］小西豊. 牛海綿状脳症（BSE）対策におけるゼラチン等に係る規制の見直しについて［C］. 名古屋学院大学論集社会科学篇，2017，54（2）：129－138.

［19］高野伊知郎. 食品中の残留農薬検査と農薬残留実態［J］. Annual Meeting of the Japanese Society of Toxicology，2015，42（1）：5－3.

［20］大原万里英. 食品中の残留農薬等検査結果について（平成24年度）［J］. 食品衛生研究.2017，67（4）：23－32.

［21］佐藤章彦. 食品安全委員会におけるフェイスブックを活用した情報発信の取組（特集 ソーシャルネットワークサービスの特徴と活用事例）［J］. 明日の食品産業，2016（11）：17－26.

［22］星野敏明. 食品安全基本法［J］. 日本農薬学会, 2014, 39（2）: 195 –201.

［23］伊藤康江. 加工食品の原料原産地表示基準案、最終段階へ: 消費者の選択、情報入手には不十分［J］. 土と健康, 2017, 45（5）: 2 –4.

［24］髙橋直浩. BSEリスク下における政府と消費者の行動分析［J］. 日本経済研究, 2014,（71）: 78 –106.

［25］藤井建夫, 塩見一雄. 新・食品衛生学［M］. 恒星社厚生閣出版社, 2016.

［26］菅いづみ. 消費者にとってのBSE 問題: 今までとこれから（特集 食品安全行政の現状と課題）［J］. 農村と都市をむすぶ, 2013, 63（3）: 36 –43.

［27］石見佳子. 新しい食品表示制度の概要と課題［J］. Milk science , 2014, 63（3）: 171 –175.

［28］阪本亮. 国産農産物の品質競争力と安全性［J］. Journal of Rural Economics, 2014, 86（2）: 103 –113.

［29］厚生労働省. 食品衛生法等の一部改正する法律および健康推進法の一部を改正する法律の施行について［J］. Food sanitation research, 2003（7）: 81 –95.

［30］上路雅子. 農薬に関する情報発信［J］. 植物防疫, 2017, 71（9）: 567 –570.

［31］米谷民雄. 食品添加物と農薬等: 2つのポジティブリスト制度への対応を回顧して［J］. Foods & food ingredients journal of Japan: FFIジャーナル, 2017, 217（4）: 427 –429.

［32］大原万里英. 食品中の残留農薬等検査結果について（平成24 年度）［J］. 食品衛生研究, 2017, 67（4）: 23 –32.

［33］岸克樹. 国際化には周回遅れの食品安全規格［J］. AFCフォーラム, 2017, 65（7）: 7 –10.

［34］一色賢司. 食品衛生学［M］. 東京: 東京化学同人出版社, 2016.

［35］温泉川肇彦. 輸入食品の安全確保: 輸入時検査からHACCPシステ

ムによるアウトソーシングへ [J]. 保健医療科学, 2016, 65 (6): 581-589.

[36] 浦上憲治. 厚生労働省の取り組み 日本でも HACCP 制度化へ [J]. ジェトロセンサー, 2017, 67 (802): 15.

[37] 久保文宏. 輸入食品の安全性確保 (3) 輸入時対策について [J]. 食品衛生研究, 2016, 66 (2): 7-16.

[38] 中川好明. 食品衛生法規格基準の改正について [J]. 紙パルプ技術タイムス, 2013, 56 (5): 87-91.

[39] 伊与亨, 海老根和. 食の安全と設備 [J]. 空気調和・衛生工学, 2017, 91 (9): 909-913.

[40] 徐广伟. 我国食品安全体系的发展——以农药残留标准为例 [J]. 食品安全导刊, 2016 (27): 86.

[41] 唐木英明. 食品安全のための規制: その設定の根拠 [J]. エネルギーレビュー, 2015, 35 (6): 7-11.

[42] 纪新. TPP 视阈下的食品安全法律问题研究 [D]. 大连海事大学博士论文, 2015.

[43] Alexandr Svetlicinii, 张娟娟. 金砖国家参与 WTO 争端解决机制研究 [J]. 南亚研究, 2017 (1): 22-40.

[44] 时润哲. 后 TPP 时代中国对日本蔬菜出口贸易结构研究 [J]. 经济论坛, 2017 (3): 113-118.

[45] 冯洁, 刘双芹. 日本绿色贸易壁垒对我国蔬菜出口影响——基于引力模型的研究 [J]. 陕西农业科学, 2015, 61 (11): 96-99.

[46] 陈健, 辛珉. 日本肯定列表制度对我国冷冻蔬菜出口影响研究 [C]. 中国环境科学学会会议论文集, 2016: 536-551.

[47] 高橋五郎. 日中食品安全保障構築のための共同行動の提案 [J]. JICCS Journal of Modern Chinese Studies, 2015, 8 (1): 6-14.

[48] 大島一二. シンポジウム アジアにおける農産物貿易の動向: 日中貿易を中心に [J]. 開発学研究, 2014, 25 (1): 1-10.

[49] 闫肃, 闫潇. "肯定列表制度"下输日农产品安全变化情况研究——以蔬菜农药残留为例 [J]. 科技经济导刊, 2016 (24): 79-80.

［50］柯昌杰，李贤宾，段丽芳，张宏军．我国输日植物源农产品中农药残留超标情况分析［J］．农药市场信息，2014（27）：4－7.

［51］上野英二．農薬残留分析編［J］．Journal of pesticide science，2010（2）：73.

［52］天笠啓祐．食の安全はなぜ脅かされつづけるのか？虫よけプレートに危険な農薬が［J］．食べもの文化，2017（516）：56－58.

［53］永井孝志．農薬取締法に基づく生態リスク評価の現状と課題［J］．化学物質と環境：化学物質と環境との調和をめざす情報誌，2017（145）：7－9.

［54］三石誠司．中国からの食品輸入と食の安全［J］．のびゆく農業，2011（995）：1－4.

［55］永井孝志．農薬取締法に基づく生態リスク評価の現状と課題［J］．化学物質と環境：化学物質と環境との調和をめざす情報誌，2017（145）：7－9.

［56］周喜应．有效实施新修订《农药管理条例》法治保障农产品质量安全［J］．中国农业信息，2017（2）：23－25.

［57］陈晓明，王程龙，薄瑞．中国农药使用现状及对策建议［J］．农药科学与管理，2016，37（2）：4－8.

［58］上島通浩，伊藤由起，上山純．殺虫剤の個人曝露量測定と健康リスク評価［J］．Annual Meeting of the Japanese Society of Toxicology，2015，42（1）：5.

［59］松永和紀．中国産の輸入食品の安全性は日本のコスト負担力で決まる［J］．週刊ダイヤモンド，2013，101（27）：48－49.

［60］梅田浩史．輸入食品の安全対策の現状と課題［J］．公衆衛生，2017，81（8）：640－646.

［61］李严，刘建东．近三年我国对日本出口食品受阻情况与对策建议［J］．对外经贸，2016（9）：14－16.

［62］高野伊知郎．食品中の残留農薬検査と農薬残留実態［J］．Annual Meeting of the Japanese Society of Toxicology，2015，42（1）：5.

［63］西谷德治. 日本発食品安全マネジメントが始動 ［J］. 食品と開発，2017，52（5）：10－12.

［64］佐藤章彦. 食品安全委員会におけるフェイスブックを活用した情報発信の取組 ［J］. 明日の食品産業，2016（11）：17－26.

［65］北村恭朗. 国際社会における化学物質管理の潮流について：農薬管理の視点からの分析と現状の理解 ［J］. 農薬調査研究報告，2013（5）：4－42.

［66］DOU Lei. 残留農薬管理と農業貿易：中国の野菜輸出を事例として ［J］. 共生社会システム研究，2015，9（1）：83－100.

［67］木立真直. 食品市場における品質問題と食関連企業の輸入調達行動 ［J］. Journal of Rural Economics，2014，86（2）：120－126.

［68］朱玉龙，陈增龙，张昭，等. 我国农药残留监管与标准体系建设 ［J］. 植物保护，2017，43（2）：1－5.

［69］陈宇. 中国与主要国家农药残留限量标准对比分析 ［J］. 现代农业科技，2017（2）：94－97.

［70］阚大学，赵煌杰，尹小剑. 中日农产品贸易摩擦现状、原因及对策 ［J］. 世界农业，2016（1）：54－58.

［71］肖艳，郑学党. 中日农产品贸易增长特征及成因研究 ［J］. 湖南大学学报（社会科学版），2016，30（4）：79－85.

［72］李锋. 进口食品检验中的风险管理 ［J］. 食品安全导刊，2016（24）：65.

［73］须藤裕之. グローバル経済下のわが国食品貿易をめぐる諸問題 ［J］. Journal of Nagoya Bunri University，2014（14）：119－128.

［74］江島裕一郎. 中国からの輸入食品の現状と検査管理体制 ［J］. Food chemicals，2004，20（1）：19－24.

［75］伊藤誉志男. 安全性確保のための輸入食品検査法の作製（食の安全）［J］. 消費者法ニュース，2012（90）：236－241.

［76］武田寿. 輸入食品の監視指導の実施に係る基本的な考え方について ［J］. YAKUGAKU ZASSHI，2011，131（7）：1003－1012.

[77] 森山祐紀子．時事問題輸入食品の安全性確保と検疫について [J]．貿易と関税，2015，63（5）：26-46.

[78] 三浦千明，湯川剛一郎，濱田奈保子等．輸入農産物の残留農薬基準値による違反を防止するための対策 [J]．フードシステム研究，2016，23（3）：193-196.

[79] 温泉川肇彦．輸入食品の安全確保：輸入時検査からHACCPシステムによるアウトソーシングへ [J]．保健医療科学，2016，65（6）：581-589.

[80] 木立真直．食品市場における品質問題と食関連企業の輸入調達行動 [J]．Journal of Rural Economics，2014，86（2）：120-126.

[81] 田中良弘．日本における食品表示法制：食品偽装に関する刑罰規定を中心に [J]．自治研究，2017，93（10）：25-30.

[82] 耿献辉，江妮．中国出口农产品质量及其影响因素 [J]．江苏农业科学，2017，45（10）：255-259.

[83] 蔡万萍．蔬菜水果农残检测抽样方法 [J]．云南农业，2016（10）：88-89.

[84] 横山博．食品施設における微生物の自主検査・委託検査の考え方 [J]．HACCP：Hazard analysis and critical control point，2017，23（7）：36-39.

[85] 笈川和男．輸入食品による違反事例と対策（特集 原材料の安全確保体制を確立する：輸入品を中心に）[J]．HACCP：Hazard analysis and critical control point，2012，18（3）：20-22.

[86] 中川好明．食品衛生法規格基準の改正について [J]．紙パルプ技術タイムス，2013，56（5）：87-91.

[87] 鬼頭弥生．食品安全問題：食品由来リスクに対する消費者行動とリスクコミュニケーション、食品安全政策における課題 [J]．農業と経済，2015，81（10）：122-125.

[88] 吴仁纳．动物检疫工作中的常见问题及解决对策 [J]．现代畜牧科技，2016（8）：170.

[89] 熊﨑伸．中国製冷凍餃子事件、そのとき会員生協の現場では [J]．生協運営資料，2017，（294）：81-95.

［90］山本明美，村上淳子，木村淳子等．中国産輸入冷凍餃子事件への検査対応［J］．青森県立保健大学雑誌，2009，10（1）：106‐107．

［91］张明华，温晋锋，刘增金．行业自律、社会监管与纵向协作——基于社会共治视角的食品安全行为研究［J］．产业经济研究，2017（1）：89‐99．

［92］吴林海，王晓莉，尹世久等．中国食品安全风险治理体系与治理能力考察报告［M］．北京：中国社会科学出版社，2016：89．

［93］川崎一平．わが国におけるHACCP制度化に向けた取組みの現状と課題［J］．農村と都市をむすぶ，2017，67（9）：6‐15．

［94］新宮和裕．HACCPを機能させるための運用のポイント（HACCPをめぐる最新動向と企業の食品安全への取組み）［J］．標準化と品質管理，2017，70（9）：6‐10．

［95］道野英司．HACCPによる食品衛生管理の制度化の検討［J］．公衆衛生，2017，81（8）：632‐638．

［96］池戸重信．食品団体の話題一般社団法人日本農林規格協会（JAS協会）のご紹介［J］．明日の食品産業，2017（7）：40‐44．

［97］清水俊雄．食品安全の表示と科学―食品表示法を理解する［M］．同文書院出版社，2015：79．

［98］佐々木祐．食中毒調査の全体像：調整役の視点から［J］．食と健康，2017，61（9）：9‐11．

［99］豊福肇．食品のリスク分析・評価に基づく科学的な衛生監視指導体制の現状と課題［J］．公衆衛生，2017，81（8）：618‐624．

［100］一色賢司．食品安全とフードチェーン・アプローチ［J］．Mycotoxins，2017，67（1）：29‐32．

［101］野々村真希．食品安全問題：機能性表示食品制度とリスクコミュニケーション［J］．農業と経済，2016，82（12）：104‐107．

［102］佐藤章彦．食品安全委員会におけるフェイスブックを活用した情報発信の取組［J］．明日の食品産業，2016（11）：17‐26．

［103］堀口逸子．食の安全に関するリスクコミュニケーションのあり方について：内閣府食品安全委員会報告書より［J］．月刊フードケミカ

ル，2015，31（12）：18 – 22.

[104] 斎藤勲. 残留農薬検査の現状と今後の一斉分析法の方向 [J].
月刊フードケミカル，2017，33（3）：102 – 105.

[105] 星野敏明. 食品安全基本法 [J]. Jpn. J. Pestic. Sci，2014，39
（2）：195 – 201.

[106] 栗本まさ子. 食品の安全を守るためのしくみ安心へ：「食品の
安全」その確保のための制度・役割分担とその変遷など [J]. 自治体危機
管理研究：日本自治体危機管理学会誌，2015（16）：31 – 36.

[107] 王怡，宋宗宇. 日本食品安全委员会的运行机制及其对我国的启
示 [J]. 现代日本经济，2011（5）：57 – 63.

[108] 都毫. 对 WTO 争端解决机制裁定执行的评估：遵守与否的考量
因素 [J]. 上海对外经贸大学学报，2017（2）：5 – 15.

[109] 高波. 面对 WTO 争端解决机制中的报复：遵从抑或效率违约
[J]. 中国海洋大学学报（社会科学版），2014（5）：106 – 112.

[110] 宋姣. 论 WTO 争端解决机制中的报复制度 [J]. 法制与社会，
2014（6）：27 – 29.

[111] 吴灏文. "一带一路" 倡议争端解决机制的模式选择与构建
[J]. 深圳大学学报（人文社会科学版），2017，34（5）：74 – 78.

[112] 边红彪. 中日食品法律中处罚异同 [J]. WTO 经济导刊，2016
（8）：59 – 60.

[113] 曾文革，林婧. 论 WTO 争端解决中食品安全国际软法适用的分
歧及其消解 [J]. 江西社会科学，2013（10）：140 – 150.

[114] 尚妍. WTO 框架下科学不确定性问题研究 [J]. 理论与现代化，
2012（3）：76 – 80.

[115] 郎平. 区域贸易制度的和平效应分析——来自发展中国家的视角
[J]. 当代亚太，2016（3）：101 – 125.

[116] 方壮志，周勇. 我国蔬菜出口面临的技术性贸易壁垒及成因分析
[J]. 对外经贸实务，2016（9）：44 – 47.

[117] 马珊珊. WTO 争端解决机制的弊端及改革 [J]. 山西师大学报

（社会科学版），2014（S5）：63 – 65.

　　[118] 何志鹏．国际司法的中国立场 [J]．社会科学文摘，2016，172（2）：45 – 55.

　　[119] 屠新泉，苏骁，姚远．从结构性权力视角看美国霸权衰落与多哈回合困境 [J]．现代国际关系，2015（8）：29 – 35.

　　[120] 邓贤明，肖润华．多哈回合谈判中的农产品特殊保障机制研究综述 [J]．农业经济．2014（11）：116 – 118.

　　[121] 张燕．日本农业保护政策与东亚贸易自由化的推进 [J]．人民论坛，2014（a12）：239 – 241.

　　[122] 王厚双．日本 FTA 农业议题谈判模式研究 [J]．日本学刊，2016（1）：112 – 133.

　　[123] 宋玉臣，臧云特．日本技术性贸易壁垒与我国农产品出口的动态效应研究 [J]．经济问题探索，2016（3）：156 – 163.

　　[124] 彭勇．技术性贸易壁垒对中国农产品出口的影响研究——基于日本、美国、欧盟和韩国的实证研究 [J]．世界农业，2017（4）：97 – 102.

　　[125] 王凤阳．中日韩粮食安全及合作研究 [J]．亚太经济，2016（2）：91 – 99.

　　[126] 吕建兴，胡历芳，曾寅初．中国 FTA 中农产品市场准入的例外安排：基于产品层面的分析 [J]．国际贸易问题，2017（1）：15 – 27.

　　[127] 李燕娥．绿色贸易壁垒对我国农产品出口的影响及对策研究 [J]．农业经济，2016（4）：131 – 133.

　　[128] 阚大学，赵煌杰，尹小剑．中日农产品贸易摩擦现状、原因及对策 [J]．世界农业，2016（1）：54 – 58.

附　录

中华人民共和国食品安全法

（2009 年 2 月 28 日第十一届全国人民代表大会常务委员会第七次会议通过，
2015 年 4 月 24 日第十二届全国人民代表大会常务委员会第十四次会议修订）

目　录

第一章　总　则

第一条　为了保证食品安全，保障公众身体健康和生命安全，制定本法。

第二条　在中华人民共和国境内从事下列活动，应当遵守本法：

（一）食品生产和加工（以下称食品生产），食品销售和餐饮服务（以下称食品经营）；

（二）食品添加剂的生产经营；

（三）用于食品的包装材料、容器、洗涤剂、消毒剂和用于食品生产经营的工具、设备（以下称食品相关产品）的生产经营；

（四）食品生产经营者使用食品添加剂、食品相关产品；

（五）食品的贮存和运输；

（六）对食品、食品添加剂、食品相关产品的安全管理。

供食用的源于农业的初级产品（以下称食用农产品）的质量安全管理，遵守《中华人民共和国农产品质量安全法》的规定。但是，食用农产品的市场销售、有关质量安全标准的制定、有关安全信息的公布和本法对农业投入品作出规定的，应当遵守本法的规定。

第三条 食品安全工作实行预防为主、风险管理、全程控制、社会共治，建立科学、严格的监督管理制度。

第四条 食品生产经营者对其生产经营食品的安全负责。

食品生产经营者应当依照法律、法规和食品安全标准从事生产经营活动，保证食品安全，诚信自律，对社会和公众负责，接受社会监督，承担社会责任。

第五条 国务院设立食品安全委员会，其职责由国务院规定。

国务院食品药品监督管理部门依照本法和国务院规定的职责，对食品生产经营活动实施监督管理。

国务院卫生行政部门依照本法和国务院规定的职责，组织开展食品安全风险监测和风险评估，会同国务院食品药品监督管理部门制定并公布食品安全国家标准。

国务院其他有关部门依照本法和国务院规定的职责，承担有关食品安全工作。

第六条 县级以上地方人民政府对本行政区域的食品安全监督管理工作负责，统一领导、组织、协调本行政区域的食品安全监督管理工作以及食品安全突发事件应对工作，建立健全食品安全全程监督管理工作机制和信息共享机制。

县级以上地方人民政府依照本法和国务院的规定，确定本级食品药品监督管理、卫生行政部门和其他有关部门的职责。有关部门在各自职责范围内负责本行政区域的食品安全监督管理工作。

县级人民政府食品药品监督管理部门可以在乡镇或者特定区域设立派出机构。

第七条　县级以上地方人民政府实行食品安全监督管理责任制。上级人民政府负责对下一级人民政府的食品安全监督管理工作进行评议、考核。县级以上地方人民政府负责对本级食品药品监督管理部门和其他有关部门的食品安全监督管理工作进行评议、考核。

第八条　县级以上人民政府应当将食品安全工作纳入本级国民经济和社会发展规划，将食品安全工作经费列入本级政府财政预算，加强食品安全监督管理能力建设，为食品安全工作提供保障。

县级以上人民政府食品药品监督管理部门和其他有关部门应当加强沟通、密切配合，按照各自职责分工，依法行使职权，承担责任。

第九条　食品行业协会应当加强行业自律，按照章程建立健全行业规范和奖惩机制，提供食品安全信息、技术等服务，引导和督促食品生产经营者依法生产经营，推动行业诚信建设，宣传、普及食品安全知识。

消费者协会和其他消费者组织对违反本法规定，损害消费者合法权益的行为，依法进行社会监督。

第十条　各级人民政府应当加强食品安全的宣传教育，普及食品安全知识，鼓励社会组织、基层群众性自治组织、食品生产经营者开展食品安全法律、法规以及食品安全标准和知识的普及工作，倡导健康的饮食方式，增强消费者食品安全意识和自我保护能力。

新闻媒体应当开展食品安全法律、法规以及食品安全标准和知识的公益宣传，并对食品安全违法行为进行舆论监督。有关食品安全的宣传报道应当真实、公正。

第十一条　国家鼓励和支持开展与食品安全有关的基础研究、应用研究，鼓励和支持食品生产经营者为提高食品安全水平采用先进技术和先进管理规范。

国家对农药的使用实行严格的管理制度，加快淘汰剧毒、高毒、高残留农药，推动替代产品的研发和应用，鼓励使用高效低毒低残留农药。

第十二条 任何组织或者个人有权举报食品安全违法行为，依法向有关部门了解食品安全信息，对食品安全监督管理工作提出意见和建议。

第十三条 对在食品安全工作中做出突出贡献的单位和个人，按照国家有关规定给予表彰、奖励。

第二章 食品安全风险监测和评估

第十四条 国家建立食品安全风险监测制度，对食源性疾病、食品污染以及食品中的有害因素进行监测。

国务院卫生行政部门会同国务院食品药品监督管理、质量监督等部门，制定、实施国家食品安全风险监测计划。

国务院食品药品监督管理部门和其他有关部门获知有关食品安全风险信息后，应当立即核实并向国务院卫生行政部门通报。对有关部门通报的食品安全风险信息以及医疗机构报告的食源性疾病等有关疾病信息，国务院卫生行政部门应当会同国务院有关部门分析研究，认为必要的，及时调整国家食品安全风险监测计划。

省、自治区、直辖市人民政府卫生行政部门会同同级食品药品监督管理、质量监督等部门，根据国家食品安全风险监测计划，结合本行政区域的具体情况，制定、调整本行政区域的食品安全风险监测方案，报国务院卫生行政部门备案并实施。

第十五条 承担食品安全风险监测工作的技术机构应当根据食品安全风险监测计划和监测方案开展监测工作，保证监测数据真实、准确，并按照食品安全风险监测计划和监测方案的要求报送监测数据和分析结果。

食品安全风险监测工作人员有权进入相关食用农产品种植养殖、食品生产经营场所采集样品、收集相关数据。采集样品应当按照市场价格支付费用。

第十六条 食品安全风险监测结果表明可能存在食品安全隐患的，县级以上人民政府卫生行政部门应当及时将相关信息通报同级食品药品监督管理等部门，并报告本级人民政府和上级人民政府卫生行政部门。食品药品监督管理等部门应当组织开展进一步调查。

第十七条 国家建立食品安全风险评估制度，运用科学方法，根据食品安全风险监测信息、科学数据以及有关信息，对食品、食品添加剂、食品相关产品中生物性、化学性和物理性危害因素进行风险评估。

国务院卫生行政部门负责组织食品安全风险评估工作，成立由医学、农业、食品、营养、生物、环境等方面的专家组成的食品安全风险评估专家委员会进行食品安全风险评估。食品安全风险评估结果由国务院卫生行政部门公布。

对农药、肥料、兽药、饲料和饲料添加剂等的安全性评估，应当有食品安全风险评估专家委员会的专家参加。

食品安全风险评估不得向生产经营者收取费用，采集样品应当按照市场价格支付费用。

第十八条 有下列情形之一的，应当进行食品安全风险评估：

（一）通过食品安全风险监测或者接到举报发现食品、食品添加剂、食品相关产品可能存在安全隐患的；

（二）为制定或者修订食品安全国家标准提供科学依据需要进行风险评估的；

（三）为确定监督管理的重点领域、重点品种需要进行风险评估的；

（四）发现新的可能危害食品安全因素的；

（五）需要判断某一因素是否构成食品安全隐患的；

（六）国务院卫生行政部门认为需要进行风险评估的其他情形。

第十九条 国务院食品药品监督管理、质量监督、农业行政等部门在监督管理工作中发现需要进行食品安全风险评估的，应当向国务院卫生行政部门提出食品安全风险评估的建议，并提供风险来源、相关检验数据和结论等信息、资料。属于本法第十八条规定情形的，国务院卫生行政部门应当及时进行食品安全风险评估，并向国务院有关部门通报评估结果。

第二十条 省级以上人民政府卫生行政、农业行政部门应当及时相互通报食品、食用农产品安全风险监测信息。

国务院卫生行政、农业行政部门应当及时相互通报食品、食用农产品安全风险评估结果等信息。

第二十一条 食品安全风险评估结果是制定、修订食品安全标准和实施食品安全监督管理的科学依据。

经食品安全风险评估，得出食品、食品添加剂、食品相关产品不安全结论的，国务院食品药品监督管理、质量监督等部门应当依据各自职责立即向社会公告，告知消费者停止食用或者使用，并采取相应措施，确保该食品、食品添加剂、食品相关产品停止生产经营；需要制定、修订相关食品安全国家标准的，国务院卫生行政部门应当会同国务院食品药品监督管理部门立即制定、修订。

第二十二条　国务院食品药品监督管理部门应当会同国务院有关部门，根据食品安全风险评估结果、食品安全监督管理信息，对食品安全状况进行综合分析。对经综合分析表明可能具有较高程度安全风险的食品，国务院食品药品监督管理部门应当及时提出食品安全风险警示，并向社会公布。

第二十三条　县级以上人民政府食品药品监督管理部门和其他有关部门、食品安全风险评估专家委员会及其技术机构，应当按照科学、客观、及时、公开的原则，组织食品生产经营者、食品检验机构、认证机构、食品行业协会、消费者协会以及新闻媒体等，就食品安全风险评估信息和食品安全监督管理信息进行交流沟通。

第三章　食品安全标准

第二十四条　制定食品安全标准，应当以保障公众身体健康为宗旨，做到科学合理、安全可靠。

第二十五条　食品安全标准是强制执行的标准。除食品安全标准外，不得制定其他食品强制性标准。

第二十六条　食品安全标准应当包括下列内容：

（一）食品、食品添加剂、食品相关产品中的致病性微生物，农药残留、兽药残留、生物毒素、重金属等污染物质以及其他危害人体健康物质的限量规定；

（二）食品添加剂的品种、使用范围、用量；

（三）专供婴幼儿和其他特定人群的主辅食品的营养成分要求；

（四）对与卫生、营养等食品安全要求有关的标签、标志、说明书的要求；

（五）食品生产经营过程的卫生要求；

（六）与食品安全有关的质量要求；

（七）与食品安全有关的食品检验方法与规程；

（八）其他需要制定为食品安全标准的内容。

第二十七条　食品安全国家标准由国务院卫生行政部门会同国务院食品药品监督管理部门制定、公布，国务院标准化行政部门提供国家标准编号。

食品中农药残留、兽药残留的限量规定及其检验方法与规程由国务院卫生行政部门、国务院农业行政部门会同国务院食品药品监督管理部门制定。

屠宰畜、禽的检验规程由国务院农业行政部门会同国务院卫生行政部门制定。

第二十八条　制定食品安全国家标准，应当依据食品安全风险评估结果并充分考虑食用农产品安全风险评估结果，参照相关的国际标准和国际食品安全风险评估结果，并将食品安全国家标准草案向社会公布，广泛听取食品生产经营者、消费者、有关部门等方面的意见。

食品安全国家标准应当经国务院卫生行政部门组织的食品安全国家标准审评委员会审查通过。食品安全国家标准审评委员会由医学、农业、食品、营养、生物、环境等方面的专家以及国务院有关部门、食品行业协会、消费者协会的代表组成，对食品安全国家标准草案的科学性和实用性等进行审查。

第二十九条　对地方特色食品，没有食品安全国家标准的，省、自治区、直辖市人民政府卫生行政部门可以制定并公布食品安全地方标准，报国务院卫生行政部门备案。食品安全国家标准制定后，该地方标准即行废止。

第三十条　国家鼓励食品生产企业制定严于食品安全国家标准或者地方标准的企业标准，在本企业适用，并报省、自治区、直辖市人民政府卫生行政部门备案。

第三十一条　省级以上人民政府卫生行政部门应当在其网站上公布制定和备案的食品安全国家标准、地方标准和企业标准，供公众免费查阅、下载。

对食品安全标准执行过程中的问题，县级以上人民政府卫生行政部门应当会同有关部门及时给予指导、解答。

第三十二条　省级以上人民政府卫生行政部门应当会同同级食品药品监督管理、质量监督、农业行政等部门，分别对食品安全国家标准和地方标准的执行情况进行跟踪评价，并根据评价结果及时修订食品安全标准。

省级以上人民政府食品药品监督管理、质量监督、农业行政等部门应当对食品安全标准执行中存在的问题进行收集、汇总，并及时向同级卫生行政部门通报。

食品生产经营者、食品行业协会发现食品安全标准在执行中存在问题的，应当立即向卫生行政部门报告。

第四章　食品生产经营

第一节　一般规定

第三十三条　食品生产经营应当符合食品安全标准，并符合下列要求：

（一）具有与生产经营的食品品种、数量相适应的食品原料处理和食品加工、包装、贮存等场所，保持该场所环境整洁，并与有毒、有害场所以及其他污染源保持规定的距离；

（二）具有与生产经营的食品品种、数量相适应的生产经营设备或者设施，有相应的消毒、更衣、盥洗、采光、照明、通风、防腐、防尘、防蝇、防鼠、防虫、洗涤以及处理废水、存放垃圾和废弃物的设备或者设施；

（三）有专职或者兼职的食品安全专业技术人员、食品安全管理人员和保证食品安全的规章制度；

（四）具有合理的设备布局和工艺流程，防止待加工食品与直接入口食品、原料与成品交叉污染，避免食品接触有毒物、不洁物；

（五）餐具、饮具和盛放直接入口食品的容器，使用前应当洗净、消毒，炊具、用具用后应当洗净，保持清洁；

（六）贮存、运输和装卸食品的容器、工具和设备应当安全、无害，保持清洁，防止食品污染，并符合保证食品安全所需的温度、湿度等特殊要求，不得将食品与有毒、有害物品一同贮存、运输；

（七）直接入口的食品应当使用无毒、清洁的包装材料、餐具、饮具和容器；

（八）食品生产经营人员应当保持个人卫生，生产经营食品时，应当将手洗净，穿戴清洁的工作衣、帽等；销售无包装的直接入口食品时，应当使用无毒、清洁的容器、售货工具和设备；

（九）用水应当符合国家规定的生活饮用水卫生标准；

（十）使用的洗涤剂、消毒剂应当对人体安全、无害；

（十一）法律、法规规定的其他要求。

非食品生产经营者从事食品贮存、运输和装卸的，应当符合前款第六项的规定。

第三十四条　禁止生产经营下列食品、食品添加剂、食品相关产品：

（一）用非食品原料生产的食品或者添加食品添加剂以外的化学物质和其他可能危害人体健康物质的食品，或者用回收食品作为原料生产的食品；

（二）致病性微生物，农药残留、兽药残留、生物毒素、重金属等污染物质以及其他危害人体健康的物质含量超过食品安全标准限量的食品、食品添加剂、食品相关产品；

（三）用超过保质期的食品原料、食品添加剂生产的食品、食品添加剂；

（四）超范围、超限量使用食品添加剂的食品；

（五）营养成分不符合食品安全标准的专供婴幼儿和其他特定人群的主辅食品；

（六）腐败变质、油脂酸败、霉变生虫、污秽不洁、混有异物、掺假掺杂或者感官性状异常的食品、食品添加剂；

（七）病死、毒死或者死因不明的禽、畜、兽、水产动物肉类及其制品；

（八）未按规定进行检疫或者检疫不合格的肉类，或者未经检验或者检验不合格的肉类制品；

（九）被包装材料、容器、运输工具等污染的食品、食品添加剂；

（十）标注虚假生产日期、保质期或者超过保质期的食品、食品添加剂；

（十一）无标签的预包装食品、食品添加剂；

（十二）国家为防病等特殊需要明令禁止生产经营的食品；

（十三）其他不符合法律、法规或者食品安全标准的食品、食品添加剂、食品相关产品。

第三十五条 国家对食品生产经营实行许可制度。从事食品生产、食品销售、餐饮服务，应当依法取得许可。但是，销售食用农产品，不需要取得许可。

县级以上地方人民政府食品药品监督管理部门应当依照《中华人民共和国行政许可法》的规定，审核申请人提交的本法第三十三条第一款第一项至第四项规定要求的相关资料，必要时对申请人的生产经营场所进行现场核查；对符合规定条件的，准予许可；对不符合规定条件的，不予许可并书面说明理由。

第三十六条 食品生产加工小作坊和食品摊贩等从事食品生产经营活动，应当符合本法规定的与其生产经营规模、条件相适应的食品安全要求，保证所生产经营的食品卫生、无毒、无害，食品药品监督管理部门应当对其加强监督管理。

县级以上地方人民政府应当对食品生产加工小作坊、食品摊贩等进行综合治理，加强服务和统一规划，改善其生产经营环境，鼓励和支持其改进生产经营条件，进入集中交易市场、店铺等固定场所经营，或者在指定的临时经营区域、时段经营。

食品生产加工小作坊和食品摊贩等的具体管理办法由省、自治区、直辖市制定。

第三十七条 利用新的食品原料生产食品，或者生产食品添加剂新品种、食品相关产品新品种，应当向国务院卫生行政部门提交相关产品的安全性评估材料。国务院卫生行政部门应当自收到申请之日起六十日内组织审查；对符合食品安全要求的，准予许可并公布；对不符合食品安全要求的，不予许可并书面说明理由。

第三十八条 生产经营的食品中不得添加药品，但是可以添加按照传统既是食品又是中药材的物质。按照传统既是食品又是中药材的物质目录由国务院卫生行政部门会同国务院食品药品监督管理部门制定、公布。

第三十九条 国家对食品添加剂生产实行许可制度。从事食品添加剂生产，应当具有与所生产食品添加剂品种相适应的场所、生产设备或者设施、专业技术人员和管理制度，并依照本法第三十五条第二款规定的程序，取得食品添加剂生产许可。

生产食品添加剂应当符合法律、法规和食品安全国家标准。

第四十条 食品添加剂应当在技术上确有必要且经过风险评估证明安全可靠，方可列入允许使用的范围；有关食品安全国家标准应当根据技术必要性和食品安全风险评估结果及时修订。

食品生产经营者应当按照食品安全国家标准使用食品添加剂。

第四十一条 生产食品相关产品应当符合法律、法规和食品安全国家标准。对直接接触食品的包装材料等具有较高风险的食品相关产品，按照国家有关工业产品生产许可证管理的规定实施生产许可。质量监督部门应当加强对食品相关产品生产活动的监督管理。

第四十二条 国家建立食品安全全程追溯制度。

食品生产经营者应当依照本法的规定，建立食品安全追溯体系，保证食品可追溯。国家鼓励食品生产经营者采用信息化手段采集、留存生产经营信息，建立食品安全追溯体系。

国务院食品药品监督管理部门会同国务院农业行政等有关部门建立食品安全全程追溯协作机制。

第四十三条 地方各级人民政府应当采取措施鼓励食品规模化生产和连锁经营、配送。

国家鼓励食品生产经营企业参加食品安全责任保险。

第二节 生产经营过程控制

第四十四条 食品生产经营企业应当建立健全食品安全管理制度，对职工进行食品安全知识培训，加强食品检验工作，依法从事生产经营活动。

食品生产经营企业的主要负责人应当落实企业食品安全管理制度，对本企业的食品安全工作全面负责。

食品生产经营企业应当配备食品安全管理人员，加强对其培训和考核。经考核不具备食品安全管理能力的，不得上岗。食品药品监督管理部门应当对企业食品安全管理人员随机进行监督抽查考核并公布考核情况。监督抽查考核不得收取费用。

第四十五条　食品生产经营者应当建立并执行从业人员健康管理制度。患有国务院卫生行政部门规定的有碍食品安全疾病的人员，不得从事接触直接入口食品的工作。

从事接触直接入口食品工作的食品生产经营人员应当每年进行健康检查，取得健康证明后方可上岗工作。

第四十六条　食品生产企业应当就下列事项制定并实施控制要求，保证所生产的食品符合食品安全标准：

（一）原料采购、原料验收、投料等原料控制；

（二）生产工序、设备、贮存、包装等生产关键环节控制；

（三）原料检验、半成品检验、成品出厂检验等检验控制；

（四）运输和交付控制。

第四十七条　食品生产经营者应当建立食品安全自查制度，定期对食品安全状况进行检查评价。生产经营条件发生变化，不再符合食品安全要求的，食品生产经营者应当立即采取整改措施；有发生食品安全事故潜在风险的，应当立即停止食品生产经营活动，并向所在地县级人民政府食品药品监督管理部门报告。

第四十八条　国家鼓励食品生产经营企业符合良好生产规范要求，实施危害分析与关键控制点体系，提高食品安全管理水平。

对通过良好生产规范、危害分析与关键控制点体系认证的食品生产经营企业，认证机构应当依法实施跟踪调查；对不再符合认证要求的企业，应当依法撤销认证，及时向县级以上人民政府食品药品监督管理部门通报，并向社会公布。认证机构实施跟踪调查不得收取费用。

第四十九条　食用农产品生产者应当按照食品安全标准和国家有关规定使用农药、肥料、兽药、饲料和饲料添加剂等农业投入品，严格执行农业投入品使用安全间隔期或者休药期的规定，不得使用国家明令禁止的农业投入品。禁止将剧毒、高毒农药用于蔬菜、瓜果、茶叶和中草药材等国家规定的农作物。

食用农产品的生产企业和农民专业合作经济组织应当建立农业投入品使

用记录制度。

县级以上人民政府农业行政部门应当加强对农业投入品使用的监督管理和指导，建立健全农业投入品安全使用制度。

第五十条 食品生产者采购食品原料、食品添加剂、食品相关产品，应当查验供货者的许可证和产品合格证明；对无法提供合格证明的食品原料，应当按照食品安全标准进行检验；不得采购或者使用不符合食品安全标准的食品原料、食品添加剂、食品相关产品。

食品生产企业应当建立食品原料、食品添加剂、食品相关产品进货查验记录制度，如实记录食品原料、食品添加剂、食品相关产品的名称、规格、数量、生产日期或者生产批号、保质期、进货日期以及供货者名称、地址、联系方式等内容，并保存相关凭证。记录和凭证保存期限不得少于产品保质期满后六个月；没有明确保质期的，保存期限不得少于二年。

第五十一条 食品生产企业应当建立食品出厂检验记录制度，查验出厂食品的检验合格证和安全状况，如实记录食品的名称、规格、数量、生产日期或者生产批号、保质期、检验合格证号、销售日期以及购货者名称、地址、联系方式等内容，并保存相关凭证。记录和凭证保存期限应当符合本法第五十条第二款的规定。

第五十二条 食品、食品添加剂、食品相关产品的生产者，应当按照食品安全标准对所生产的食品、食品添加剂、食品相关产品进行检验，检验合格后方可出厂或者销售。

第五十三条 食品经营者采购食品，应当查验供货者的许可证和食品出厂检验合格证或者其他合格证明（以下称合格证明文件）。

食品经营企业应当建立食品进货查验记录制度，如实记录食品的名称、规格、数量、生产日期或者生产批号、保质期、进货日期以及供货者名称、地址、联系方式等内容，并保存相关凭证。记录和凭证保存期限应当符合本法第五十条第二款的规定。

实行统一配送经营方式的食品经营企业，可以由企业总部统一查验供货者的许可证和食品合格证明文件，进行食品进货查验记录。

从事食品批发业务的经营企业应当建立食品销售记录制度，如实记录批发食品的名称、规格、数量、生产日期或者生产批号、保质期、销售日期以及购货者名称、地址、联系方式等内容，并保存相关凭证。记录和凭证保存期限应当符合本法第五十条第二款的规定。

第五十四条　食品经营者应当按照保证食品安全的要求贮存食品，定期检查库存食品，及时清理变质或者超过保质期的食品。

食品经营者贮存散装食品，应当在贮存位置标明食品的名称、生产日期或者生产批号、保质期、生产者名称及联系方式等内容。

第五十五条　餐饮服务提供者应当制定并实施原料控制要求，不得采购不符合食品安全标准的食品原料。倡导餐饮服务提供者公开加工过程，公示食品原料及其来源等信息。

餐饮服务提供者在加工过程中应当检查待加工的食品及原料，发现有本法第三十四条第六项规定情形的，不得加工或者使用。

第五十六条　餐饮服务提供者应当定期维护食品加工、贮存、陈列等设施、设备；定期清洗、校验保温设施及冷藏、冷冻设施。

餐饮服务提供者应当按照要求对餐具、饮具进行清洗消毒，不得使用未经清洗消毒的餐具、饮具；餐饮服务提供者委托清洗消毒餐具、饮具的，应当委托符合本法规定条件的餐具、饮具集中消毒服务单位。

第五十七条　学校、托幼机构、养老机构、建筑工地等集中用餐单位的食堂应当严格遵守法律、法规和食品安全标准；从供餐单位订餐的，应当从取得食品生产经营许可的企业订购，并按照要求对订购的食品进行查验。供餐单位应当严格遵守法律、法规和食品安全标准，当餐加工，确保食品安全。

学校、托幼机构、养老机构、建筑工地等集中用餐单位的主管部门应当加强对集中用餐单位的食品安全教育和日常管理，降低食品安全风险，及时消除食品安全隐患。

第五十八条　餐具、饮具集中消毒服务单位应当具备相应的作业场所、清洗消毒设备或者设施，用水和使用的洗涤剂、消毒剂应当符合相关食品安全国家标准和其他国家标准、卫生规范。

餐具、饮具集中消毒服务单位应当对消毒餐具、饮具进行逐批检验，检验合格后方可出厂，并应当随附消毒合格证明。消毒后的餐具、饮具应当在独立包装上标注单位名称、地址、联系方式、消毒日期以及使用期限等内容。

第五十九条　食品添加剂生产者应当建立食品添加剂出厂检验记录制度，查验出厂产品的检验合格证和安全状况，如实记录食品添加剂的名称、规格、数量、生产日期或者生产批号、保质期、检验合格证号、销售日期以及购货者名称、地址、联系方式等相关内容，并保存相关凭证。记录和凭证保存期限应当符合本法第五十条第二款的规定。

第六十条　食品添加剂经营者采购食品添加剂，应当依法查验供货者的许可证和产品合格证明文件，如实记录食品添加剂的名称、规格、数量、生产日期或者生产批号、保质期、进货日期以及供货者名称、地址、联系方式等内容，并保存相关凭证。记录和凭证保存期限应当符合本法第五十条第二款的规定。

第六十一条　集中交易市场的开办者、柜台出租者和展销会举办者，应当依法审查入场食品经营者的许可证，明确其食品安全管理责任，定期对其经营环境和条件进行检查，发现其有违反本法规定行为的，应当及时制止并立即报告所在地县级人民政府食品药品监督管理部门。

第六十二条　网络食品交易第三方平台提供者应当对入网食品经营者进行实名登记，明确其食品安全管理责任；依法应当取得许可证的，还应当审查其许可证。

网络食品交易第三方平台提供者发现入网食品经营者有违反本法规定行为的，应当及时制止并立即报告所在地县级人民政府食品药品监督管理部门；发现严重违法行为的，应当立即停止提供网络交易平台服务。

第六十三条　国家建立食品召回制度。食品生产者发现其生产的食品不符合食品安全标准或者有证据证明可能危害人体健康的，应当立即停止生产，召回已经上市销售的食品，通知相关生产经营者和消费者，并记录召回和通知情况。

食品经营者发现其经营的食品有前款规定情形的，应当立即停止经营，通知相关生产经营者和消费者，并记录停止经营和通知情况。食品生产者认为应当召回的，应当立即召回。由于食品经营者的原因造成其经营的食品有前款规定情形的，食品经营者应当召回。

食品生产经营者应当对召回的食品采取无害化处理、销毁等措施，防止其再次流入市场。但是，对因标签、标志或者说明书不符合食品安全标准而被召回的食品，食品生产者在采取补救措施且能保证食品安全的情况下可以继续销售；销售时应当向消费者明示补救措施。

食品生产经营者应当将食品召回和处理情况向所在地县级人民政府食品药品监督管理部门报告；需要对召回的食品进行无害化处理、销毁的，应当提前报告时间、地点。食品药品监督管理部门认为必要的，可以实施现场监督。

食品生产经营者未依照本条规定召回或者停止经营的，县级以上人民政府食品药品监督管理部门可以责令其召回或者停止经营。

第六十四条　食用农产品批发市场应当配备检验设备和检验人员或者委托符合本法规定的食品检验机构，对进入该批发市场销售的食用农产品进行抽样检验；发现不符合食品安全标准的，应当要求销售者立即停止销售，并向食品药品监督管理部门报告。

第六十五条　食用农产品销售者应当建立食用农产品进货查验记录制度，如实记录食用农产品的名称、数量、进货日期以及供货者名称、地址、联系方式等内容，并保存相关凭证。记录和凭证保存期限不得少于六个月。

第六十六条　进入市场销售的食用农产品在包装、保鲜、贮存、运输中使用保鲜剂、防腐剂等食品添加剂和包装材料等食品相关产品，应当符合食品安全国家标准。

第三节　标签、说明书和广告

第六十七条　预包装食品的包装上应当有标签。标签应当标明下列事项：

（一）名称、规格、净含量、生产日期；

（二）成分或者配料表；

（三）生产者的名称、地址、联系方式；

（四）保质期；

（五）产品标准代号；

（六）贮存条件；

（七）所使用的食品添加剂在国家标准中的通用名称；

（八）生产许可证编号；

（九）法律、法规或者食品安全标准规定应当标明的其他事项。

专供婴幼儿和其他特定人群的主辅食品，其标签还应当标明主要营养成分及其含量。

食品安全国家标准对标签标注事项另有规定的，从其规定。

第六十八条　食品经营者销售散装食品，应当在散装食品的容器、外包装上标明食品的名称、生产日期或者生产批号、保质期以及生产经营者名称、地址、联系方式等内容。

第六十九条　生产经营转基因食品应当按照规定显著标示。

第七十条　食品添加剂应当有标签、说明书和包装。标签、说明书应当载明本法第六十七条第一款第一项至第六项、第八项、第九项规定的事项，以及食品添加剂的使用范围、用量、使用方法，并在标签上载明"食品添加剂"字样。

第七十一条　食品和食品添加剂的标签、说明书，不得含有虚假内容，不得涉及疾病预防、治疗功能。生产经营者对其提供的标签、说明书的内容负责。

食品和食品添加剂的标签、说明书应当清楚、明显，生产日期、保质期等事项应当显著标注，容易辨识。

食品和食品添加剂与其标签、说明书的内容不符的，不得上市销售。

第七十二条　食品经营者应当按照食品标签标示的警示标志、警示说明或者注意事项的要求销售食品。

第七十三条　食品广告的内容应当真实合法，不得含有虚假内容，不得涉及疾病预防、治疗功能。食品生产经营者对食品广告内容的真实性、合法性负责。

县级以上人民政府食品药品监督管理部门和其他有关部门以及食品检验机构、食品行业协会不得以广告或者其他形式向消费者推荐食品。消费者组织不得以收取费用或者其他牟取利益的方式向消费者推荐食品。

第四节　特殊食品

第七十四条　国家对保健食品、特殊医学用途配方食品和婴幼儿配方食品等特殊食品实行严格监督管理。

第七十五条　保健食品声称保健功能，应当具有科学依据，不得对人体产生急性、亚急性或者慢性危害。

保健食品原料目录和允许保健食品声称的保健功能目录，由国务院食品药品监督管理部门会同国务院卫生行政部门、国家中医药管理部门制定、调整并公布。

保健食品原料目录应当包括原料名称、用量及其对应的功效；列入保健食品原料目录的原料只能用于保健食品生产，不得用于其他食品生产。

第七十六条　使用保健食品原料目录以外原料的保健食品和首次进口的保健食品应当经国务院食品药品监督管理部门注册。但是，首次进口的保健食品中属于补充维生素、矿物质等营养物质的，应当报国务院食品药品监督管理部门备案。其他保健食品应当报省、自治区、直辖市人民政府食品药品监督管理部门备案。

进口的保健食品应当是出口国（地区）主管部门准许上市销售的产品。

第七十七条　依法应当注册的保健食品，注册时应当提交保健食品的研发报告、产品配方、生产工艺、安全性和保健功能评价、标签、说明书等材料及样品，并提供相关证明文件。国务院食品药品监督管理部门经组织技术审评，对符合安全和功能声称要求的，准予注册；对不符合要求的，不予注册并书面说明理由。对使用保健食品原料目录以外原料的保健食品作出准予注册决定的，应当及时将该原料纳入保健食品原料目录。

依法应当备案的保健食品，备案时应当提交产品配方、生产工艺、标签、说明书以及表明产品安全性和保健功能的材料。

第七十八条　保健食品的标签、说明书不得涉及疾病预防、治疗功能，内容应当真实，与注册或者备案的内容相一致，载明适宜人群、不适宜人群、功效成分或者标志性成分及其含量等，并声明"本品不能代替药物"。保健食品的功能和成分应当与标签、说明书相一致。

第七十九条　保健食品广告除应当符合本法第七十三条第一款的规定外，还应当声明"本品不能代替药物"；其内容应当经生产企业所在地省、自治区、直辖市人民政府食品药品监督管理部门审查批准，取得保健食品广告批准文件。省、自治区、直辖市人民政府食品药品监督管理部门应当公布并及时更新已经批准的保健食品广告目录以及批准的广告内容。

第八十条　特殊医学用途配方食品应当经国务院食品药品监督管理部门注册。注册时，应当提交产品配方、生产工艺、标签、说明书以及表明产品安全性、营养充足性和特殊医学用途临床效果的材料。

特殊医学用途配方食品广告适用《中华人民共和国广告法》和其他法律、行政法规关于药品广告管理的规定。

第八十一条　婴幼儿配方食品生产企业应当实施从原料进厂到成品出厂的全过程质量控制，对出厂的婴幼儿配方食品实施逐批检验，保证食品安全。

生产婴幼儿配方食品使用的生鲜乳、辅料等食品原料、食品添加剂等，应当符合法律、行政法规的规定和食品安全国家标准，保证婴幼儿生长发育所需的营养成分。

婴幼儿配方食品生产企业应当将食品原料、食品添加剂、产品配方及标签等事项向省、自治区、直辖市人民政府食品药品监督管理部门备案。

婴幼儿配方乳粉的产品配方应当经国务院食品药品监督管理部门注册。注册时，应当提交配方研发报告和其他表明配方科学性、安全性的材料。

不得以分装方式生产婴幼儿配方乳粉，同一企业不得用同一配方生产不同品牌的婴幼儿配方乳粉。

第八十二条　保健食品、特殊医学用途配方食品、婴幼儿配方乳粉的注册人或者备案人应当对其提交材料的真实性负责。

省级以上人民政府食品药品监督管理部门应当及时公布注册或者备案的保健食品、特殊医学用途配方食品、婴幼儿配方乳粉目录，并对注册或者备案中获知的企业商业秘密予以保密。

保健食品、特殊医学用途配方食品、婴幼儿配方乳粉生产企业应当按照注册或者备案的产品配方、生产工艺等技术要求组织生产。

第八十三条　生产保健食品，特殊医学用途配方食品、婴幼儿配方食品和其他专供特定人群的主辅食品的企业，应当按照良好生产规范的要求建立与所生产食品相适应的生产质量管理体系，定期对该体系的运行情况进行自查，保证其有效运行，并向所在地县级人民政府食品药品监督管理部门提交自查报告。

第五章　食品检验

第八十四条　食品检验机构按照国家有关认证认可的规定取得资质认定后，方可从事食品检验活动。但是，法律另有规定的除外。

食品检验机构的资质认定条件和检验规范，由国务院食品药品监督管理部门规定。

符合本法规定的食品检验机构出具的检验报告具有同等效力。

县级以上人民政府应当整合食品检验资源，实现资源共享。

第八十五条　食品检验由食品检验机构指定的检验人独立进行。

检验人应当依照有关法律、法规的规定，并按照食品安全标准和检验规范对食品进行检验，尊重科学，恪守职业道德，保证出具的检验数据和结论客观、公正，不得出具虚假检验报告。

第八十六条　食品检验实行食品检验机构与检验人负责制。食品检验报告应当加盖食品检验机构公章，并有检验人的签名或者盖章。食品检验机构和检验人对出具的食品检验报告负责。

第八十七条　县级以上人民政府食品药品监督管理部门应当对食品进行定期或者不定期的抽样检验，并依据有关规定公布检验结果，不得免检。进行抽样检验，应当购买抽取的样品，委托符合本法规定的食品检验机构进行检验，并支付相关费用；不得向食品生产经营者收取检验费和其他费用。

第八十八条　对依照本法规定实施的检验结论有异议的，食品生产经营者可以自收到检验结论之日起七个工作日内向实施抽样检验的食品药品监督管理部门或者其上一级食品药品监督管理部门提出复检申请，由受理复检申请的食品药品监督管理部门在公布的复检机构名录中随机确定复检机构进行复检。复检机构出具的复检结论为最终检验结论。复检机构与初检机构不得为同一机构。复检机构名录由国务院认证认可监督管理、食品药品监督管理、卫生行政、农业行政等部门共同公布。

采用国家规定的快速检测方法对食用农产品进行抽查检测，被抽查人对检测结果有异议的，可以自收到检测结果时起四小时内申请复检。复检不得采用快速检测方法。

第八十九条　食品生产企业可以自行对所生产的食品进行检验，也可以委托符合本法规定的食品检验机构进行检验。

食品行业协会和消费者协会等组织、消费者需要委托食品检验机构对食品进行检验的，应当委托符合本法规定的食品检验机构进行。

第九十条　食品添加剂的检验，适用本法有关食品检验的规定。

第六章　食品进出口

第九十一条　国家出入境检验检疫部门对进出口食品安全实施监督管理。

第九十二条　进口的食品、食品添加剂、食品相关产品应当符合我国食品安全国家标准。

进口的食品、食品添加剂应当经出入境检验检疫机构依照进出口商品检验相关法律、行政法规的规定检验合格。

进口的食品、食品添加剂应当按照国家出入境检验检疫部门的要求随附合格证明材料。

第九十三条　进口尚无食品安全国家标准的食品，由境外出口商、境外生产企业或者其委托的进口商向国务院卫生行政部门提交所执行的相关国家（地区）标准或者国际标准。国务院卫生行政部门对相关标准进行审查，认为符合食品安全要求的，决定暂予适用，并及时制定相应的食品安全国家标准。进口利用新的食品原料生产的食品或者进口食品添加剂新品种、食品相关产品新品种，依照本法第三十七条的规定办理。

出入境检验检疫机构按照国务院卫生行政部门的要求，对前款规定的食品、食品添加剂、食品相关产品进行检验。检验结果应当公开。

第九十四条　境外出口商、境外生产企业应当保证向我国出口的食品、食品添加剂、食品相关产品符合本法以及我国其他有关法律、行政法规的规定和食品安全国家标准的要求，并对标签、说明书的内容负责。

进口商应当建立境外出口商、境外生产企业审核制度，重点审核前款规定的内容；审核不合格的，不得进口。

发现进口食品不符合我国食品安全国家标准或者有证据证明可能危害人体健康的，进口商应当立即停止进口，并依照本法第六十三条的规定召回。

第九十五条　境外发生的食品安全事件可能对我国境内造成影响，或者在进口食品、食品添加剂、食品相关产品中发现严重食品安全问题的，国家出入境检验检疫部门应当及时采取风险预警或者控制措施，并向国务院食品药品监督管理、卫生行政、农业行政部门通报。接到通报的部门应当及时采取相应措施。

县级以上人民政府食品药品监督管理部门对国内市场上销售的进口食品、食品添加剂实施监督管理。发现存在严重食品安全问题的，国务院食品药品监督管理部门应当及时向国家出入境检验检疫部门通报。国家出入境检验检疫部门应当及时采取相应措施。

第九十六条　向我国境内出口食品的境外出口商或者代理商、进口食品的进口商应当向国家出入境检验检疫部门备案。向我国境内出口食品的境外食品生产企业应当经国家出入境检验检疫部门注册。已经注册的境外食品生产企业提供虚假材料，或者因其自身的原因致使进口食品发生重大食品安全事故的，国家出入境检验检疫部门应当撤销注册并公告。

国家出入境检验检疫部门应当定期公布已经备案的境外出口商、代理商、进口商和已经注册的境外食品生产企业名单。

第九十七条　进口的预包装食品、食品添加剂应当有中文标签；依法应当有说明书的，还应当有中文说明书。标签、说明书应当符合本法以及我国其他有关法律、行政法规的规定和食品安全国家标准的要求，并载明食品的原产地以及境内代理商的名称、地址、联系方式。预包装食品没有中文标签、中文说明书或者标签、说明书不符合本条规定的，不得进口。

第九十八条　进口商应当建立食品、食品添加剂进口和销售记录制度，如实记录食品、食品添加剂的名称、规格、数量、生产日期、生产或者进口批号、保质期、境外出口商和购货者名称、地址及联系方式、交货日期等内容，并保存相关凭证。记录和凭证保存期限应当符合本法第五十条第二款的规定。

第九十九条 出口食品生产企业应当保证其出口食品符合进口国（地区）的标准或者合同要求。

出口食品生产企业和出口食品原料种植、养殖场应当向国家出入境检验检疫部门备案。

第一百条 国家出入境检验检疫部门应当收集、汇总下列进出口食品安全信息，并及时通报相关部门、机构和企业：

（一）出入境检验检疫机构对进出口食品实施检验检疫发现的食品安全信息；

（二）食品行业协会和消费者协会等组织、消费者反映的进口食品安全信息；

（三）国际组织、境外政府机构发布的风险预警信息及其他食品安全信息，以及境外食品行业协会等组织、消费者反映的食品安全信息；

（四）其他食品安全信息。

国家出入境检验检疫部门应当对进出口食品的进口商、出口商和出口食品生产企业实施信用管理，建立信用记录，并依法向社会公布。对有不良记录的进口商、出口商和出口食品生产企业，应当加强对其进出口食品的检验检疫。

第一百零一条 国家出入境检验检疫部门可以对向我国境内出口食品的国家（地区）的食品安全管理体系和食品安全状况进行评估和审查，并根据评估和审查结果，确定相应检验检疫要求。

第七章　食品安全事故处置

第一百零二条 国务院组织制定国家食品安全事故应急预案。

县级以上地方人民政府应当根据有关法律、法规的规定和上级人民政府的食品安全事故应急预案以及本行政区域的实际情况，制定本行政区域的食品安全事故应急预案，并报上一级人民政府备案。

食品安全事故应急预案应当对食品安全事故分级、事故处置组织指挥体系与职责、预防预警机制、处置程序、应急保障措施等作出规定。

食品生产经营企业应当制定食品安全事故处置方案，定期检查本企业各项食品安全防范措施的落实情况，及时消除事故隐患。

第一百零三条　发生食品安全事故的单位应当立即采取措施，防止事故扩大。事故单位和接收病人进行治疗的单位应当及时向事故发生地县级人民政府食品药品监督管理、卫生行政部门报告。

县级以上人民政府质量监督、农业行政等部门在日常监督管理中发现食品安全事故或者接到事故举报，应当立即向同级食品药品监督管理部门通报。

发生食品安全事故，接到报告的县级人民政府食品药品监督管理部门应当按照应急预案的规定向本级人民政府和上级人民政府食品药品监督管理部门报告。县级人民政府和上级人民政府食品药品监督管理部门应当按照应急预案的规定上报。

任何单位和个人不得对食品安全事故隐瞒、谎报、缓报，不得隐匿、伪造、毁灭有关证据。

第一百零四条　医疗机构发现其接收的病人属于食源性疾病病人或者疑似病人的，应当按照规定及时将相关信息向所在地县级人民政府卫生行政部门报告。县级人民政府卫生行政部门认为与食品安全有关的，应当及时通报同级食品药品监督管理部门。

县级以上人民政府卫生行政部门在调查处理传染病或者其他突发公共卫生事件中发现与食品安全相关的信息，应当及时通报同级食品药品监督管理部门。

第一百零五条　县级以上人民政府食品药品监督管理部门接到食品安全事故的报告后，应当立即会同同级卫生行政、质量监督、农业行政等部门进行调查处理，并采取下列措施，防止或者减轻社会危害：

（一）开展应急救援工作，组织救治因食品安全事故导致人身伤害的人员；

（二）封存可能导致食品安全事故的食品及其原料，并立即进行检验；对确认属于被污染的食品及其原料，责令食品生产经营者依照本法第六十三条的规定召回或者停止经营；

（三）封存被污染的食品相关产品，并责令进行清洗消毒；

（四）做好信息发布工作，依法对食品安全事故及其处理情况进行发布，并对可能产生的危害加以解释、说明。

发生食品安全事故需要启动应急预案的，县级以上人民政府应当立即成立事故处置指挥机构，启动应急预案，依照前款和应急预案的规定进行处置。

发生食品安全事故，县级以上疾病预防控制机构应当对事故现场进行卫生处理，并对与事故有关的因素开展流行病学调查，有关部门应当予以协助。县级以上疾病预防控制机构应当向同级食品药品监督管理、卫生行政部门提交流行病学调查报告。

第一百零六条 发生食品安全事故，设区的市级以上人民政府食品药品监督管理部门应当立即会同有关部门进行事故责任调查，督促有关部门履行职责，向本级人民政府和上一级人民政府食品药品监督管理部门提出事故责任调查处理报告。

涉及两个以上省、自治区、直辖市的重大食品安全事故由国务院食品药品监督管理部门依照前款规定组织事故责任调查。

第一百零七条 调查食品安全事故，应当坚持实事求是、尊重科学的原则，及时、准确查清事故性质和原因，认定事故责任，提出整改措施。

调查食品安全事故，除了查明事故单位的责任，还应当查明有关监督管理部门、食品检验机构、认证机构及其工作人员的责任。

第一百零八条 食品安全事故调查部门有权向有关单位和个人了解与事故有关的情况，并要求提供相关资料和样品。有关单位和个人应当予以配合，按照要求提供相关资料和样品，不得拒绝。

任何单位和个人不得阻挠、干涉食品安全事故的调查处理。

第八章 监督管理

第一百零九条 县级以上人民政府食品药品监督管理、质量监督部门根据食品安全风险监测、风险评估结果和食品安全状况等，确定监督管理的重点、方式和频次，实施风险分级管理。

县级以上地方人民政府组织本级食品药品监督管理、质量监督、农业行政等部门制定本行政区域的食品安全年度监督管理计划，向社会公布并组织实施。

食品安全年度监督管理计划应当将下列事项作为监督管理的重点：

（一）专供婴幼儿和其他特定人群的主辅食品；

（二）保健食品生产过程中的添加行为和按照注册或者备案的技术要求组织生产的情况，保健食品标签、说明书以及宣传材料中有关功能宣传的情况；

（三）发生食品安全事故风险较高的食品生产经营者；

（四）食品安全风险监测结果表明可能存在食品安全隐患的事项。

第一百一十条 县级以上人民政府食品药品监督管理、质量监督部门履行各自食品安全监督管理职责，有权采取下列措施，对生产经营者遵守本法的情况进行监督检查：

（一）进入生产经营场所实施现场检查；

（二）对生产经营的食品、食品添加剂、食品相关产品进行抽样检验；

（三）查阅、复制有关合同、票据、账簿以及其他有关资料；

（四）查封、扣押有证据证明不符合食品安全标准或者有证据证明存在安全隐患以及用于违法生产经营的食品、食品添加剂、食品相关产品；

（五）查封违法从事生产经营活动的场所。

第一百一十一条 对食品安全风险评估结果证明食品存在安全隐患，需要制定、修订食品安全标准的，在制定、修订食品安全标准前，国务院卫生行政部门应当及时会同国务院有关部门规定食品中有害物质的临时限量值和临时检验方法，作为生产经营和监督管理的依据。

第一百一十二条 县级以上人民政府食品药品监督管理部门在食品安全监督管理工作中可以采用国家规定的快速检测方法对食品进行抽查检测。

对抽查检测结果表明可能不符合食品安全标准的食品，应当依照本法第八十七条的规定进行检验。抽查检测结果确定有关食品不符合食品安全标准的，可以作为行政处罚的依据。

第一百一十三条 县级以上人民政府食品药品监督管理部门应当建立食品生产经营者食品安全信用档案，记录许可颁发、日常监督检查结果、违法行为查处等情况，依法向社会公布并实时更新；对有不良信用记录的食品生产经营者增加监督检查频次，对违法行为情节严重的食品生产经营者，可以通报投资主管部门、证券监督管理机构和有关的金融机构。

第一百一十四条 食品生产经营过程中存在食品安全隐患，未及时采取措施消除的，县级以上人民政府食品药品监督管理部门可以对食品生产经营者的法定代表人或者主要负责人进行责任约谈。食品生产经营者应当立即采取措施，进行整改，消除隐患。责任约谈情况和整改情况应当纳入食品生产经营者食品安全信用档案。

第一百一十五条 县级以上人民政府食品药品监督管理、质量监督等部门应当公布本部门的电子邮件地址或者电话，接受咨询、投诉、举报。接到咨询、投诉、举报，对属于本部门职责的，应当受理并在法定期限内及时答复、核实、处理；对不属于本部门职责的，应当移交有权处理的部门并书面通知咨询、投诉、举报人。有权处理的部门应当在法定期限内及时处理，不得推诿。对查证属实的举报，给予举报人奖励。

有关部门应当对举报人的信息予以保密，保护举报人的合法权益。举报人举报所在企业的，该企业不得以解除、变更劳动合同或者其他方式对举报人进行打击报复。

第一百一十六条 县级以上人民政府食品药品监督管理、质量监督等部门应当加强对执法人员食品安全法律、法规、标准和专业知识与执法能力等的培训，并组织考核。不具备相应知识和能力的，不得从事食品安全执法工作。

食品生产经营者、食品行业协会、消费者协会等发现食品安全执法人员在执法过程中有违反法律、法规规定的行为以及不规范执法行为的，可以向本级或者上级人民政府食品药品监督管理、质量监督等部门或者监察机关投诉、举报。接到投诉、举报的部门或者机关应当进行核实，并将经核实的情况向食品安全执法人员所在部门通报；涉嫌违法违纪的，按照本法和有关规定处理。

第一百一十七条 县级以上人民政府食品药品监督管理等部门未及时发现食品安全系统性风险，未及时消除监督管理区域内的食品安全隐患的，本级人民政府可以对其主要负责人进行责任约谈。

　　地方人民政府未履行食品安全职责，未及时消除区域性重大食品安全隐患的，上级人民政府可以对其主要负责人进行责任约谈。

　　被约谈的食品药品监督管理等部门、地方人民政府应当立即采取措施，对食品安全监督管理工作进行整改。

　　责任约谈情况和整改情况应当纳入地方人民政府和有关部门食品安全监督管理工作评议、考核记录。

　　第一百一十八条　国家建立统一的食品安全信息平台，实行食品安全信息统一公布制度。国家食品安全总体情况、食品安全风险警示信息、重大食品安全事故及其调查处理信息和国务院确定需要统一公布的其他信息由国务院食品药品监督管理部门统一公布。食品安全风险警示信息和重大食品安全事故及其调查处理信息的影响限于特定区域的，也可以由有关省、自治区、直辖市人民政府食品药品监督管理部门公布。未经授权不得发布上述信息。

　　县级以上人民政府食品药品监督管理、质量监督、农业行政部门依据各自职责公布食品安全日常监督管理信息。

　　公布食品安全信息，应当做到准确、及时，并进行必要的解释说明，避免误导消费者和社会舆论。

　　第一百一十九条　县级以上地方人民政府食品药品监督管理、卫生行政、质量监督、农业行政部门获知本法规定需要统一公布的信息，应当向上级主管部门报告，由上级主管部门立即报告国务院食品药品监督管理部门；必要时，可以直接向国务院食品药品监督管理部门报告。

　　县级以上人民政府食品药品监督管理、卫生行政、质量监督、农业行政部门应当相互通报获知的食品安全信息。

　　第一百二十条　任何单位和个人不得编造、散布虚假食品安全信息。

　　县级以上人民政府食品药品监督管理部门发现可能误导消费者和社会舆论的食品安全信息，应当立即组织有关部门、专业机构、相关食品生产经营者等进行核实、分析，并及时公布结果。

　　第一百二十一条　县级以上人民政府食品药品监督管理、质量监督等部门发现涉嫌食品安全犯罪的，应当按照有关规定及时将案件移送公安机关。对移送的案件，公安机关应当及时审查；认为有犯罪事实需要追究刑事责任的，应当立案侦查。

公安机关在食品安全犯罪案件侦查过程中认为没有犯罪事实，或者犯罪事实显著轻微，不需要追究刑事责任，但依法应当追究行政责任的，应当及时将案件移送食品药品监督管理、质量监督等部门和监察机关，有关部门应当依法处理。

公安机关商请食品药品监督管理、质量监督、环境保护等部门提供检验结论、认定意见以及对涉案物品进行无害化处理等协助的，有关部门应当及时提供，予以协助。

第九章　法律责任

第一百二十二条　违反本法规定，未取得食品生产经营许可从事食品生产经营活动，或者未取得食品添加剂生产许可从事食品添加剂生产活动的，由县级以上人民政府食品药品监督管理部门没收违法所得和违法生产经营的食品、食品添加剂以及用于违法生产经营的工具、设备、原料等物品；违法生产经营的食品、食品添加剂货值金额不足一万元的，并处五万元以上十万元以下罚款；货值金额一万元以上的，并处货值金额十倍以上二十倍以下罚款。

明知从事前款规定的违法行为，仍为其提供生产经营场所或者其他条件的，由县级以上人民政府食品药品监督管理部门责令停止违法行为，没收违法所得，并处五万元以上十万元以下罚款；使消费者的合法权益受到损害的，应当与食品、食品添加剂生产经营者承担连带责任。

第一百二十三条　违反本法规定，有下列情形之一，尚不构成犯罪的，由县级以上人民政府食品药品监督管理部门没收违法所得和违法生产经营的食品，并可以没收用于违法生产经营的工具、设备、原料等物品；违法生产经营的食品货值金额不足一万元的，并处十万元以上十五万元以下罚款；货值金额一万元以上的，并处货值金额十五倍以上三十倍以下罚款；情节严重的，吊销许可证，并可以由公安机关对其直接负责的主管人员和其他直接责任人员处五日以上十五日以下拘留：

（一）用非食品原料生产食品、在食品中添加食品添加剂以外的化学物质和其他可能危害人体健康的物质，或者用回收食品作为原料生产食品，或者经营上述食品；

（二）生产经营营养成分不符合食品安全标准的专供婴幼儿和其他特定人群的主辅食品；

（三）经营病死、毒死或者死因不明的禽、畜、兽、水产动物肉类，或者生产经营其制品；

（四）经营未按规定进行检疫或者检疫不合格的肉类，或者生产经营未经检验或者检验不合格的肉类制品；

（五）生产经营国家为防病等特殊需要明令禁止生产经营的食品；

（六）生产经营添加药品的食品。

明知从事前款规定的违法行为，仍为其提供生产经营场所或者其他条件的，由县级以上人民政府食品药品监督管理部门责令停止违法行为，没收违法所得，并处十万元以上二十万元以下罚款；使消费者的合法权益受到损害的，应当与食品生产经营者承担连带责任。

违法使用剧毒、高毒农药的，除依照有关法律、法规规定给予处罚外，可以由公安机关依照第一款规定给予拘留。

第一百二十四条　违反本法规定，有下列情形之一，尚不构成犯罪的，由县级以上人民政府食品药品监督管理部门没收违法所得和违法生产经营的食品、食品添加剂，并可以没收用于违法生产经营的工具、设备、原料等物品；违法生产经营的食品、食品添加剂货值金额不足一万元的，并处五万元以上十万元以下罚款；货值金额一万元以上的，并处货值金额十倍以上二十倍以下罚款；情节严重的，吊销许可证：

（一）生产经营致病性微生物，农药残留、兽药残留、生物毒素、重金属等污染物质以及其他危害人体健康的物质含量超过食品安全标准限量的食品、食品添加剂；

（二）用超过保质期的食品原料、食品添加剂生产食品、食品添加剂，或者经营上述食品、食品添加剂；

（三）生产经营超范围、超限量使用食品添加剂的食品；

（四）生产经营腐败变质、油脂酸败、霉变生虫、污秽不洁、混有异物、掺假掺杂或者感官性状异常的食品、食品添加剂；

（五）生产经营标注虚假生产日期、保质期或者超过保质期的食品、食品添加剂；

（六）生产经营未按规定注册的保健食品、特殊医学用途配方食品、婴幼儿配方乳粉，或者未按注册的产品配方、生产工艺等技术要求组织生产；

（七）以分装方式生产婴幼儿配方乳粉，或者同一企业以同一配方生产不同品牌的婴幼儿配方乳粉；

（八）利用新的食品原料生产食品，或者生产食品添加剂新品种，未通过安全性评估；

（九）食品生产经营者在食品药品监督管理部门责令其召回或者停止经营后，仍拒不召回或者停止经营。

除前款和本法第一百二十三条、第一百二十五条规定的情形外，生产经营不符合法律、法规或者食品安全标准的食品、食品添加剂的，依照前款规定给予处罚。

生产食品相关产品新品种，未通过安全性评估，或者生产不符合食品安全标准的食品相关产品的，由县级以上人民政府质量监督部门依照第一款规定给予处罚。

第一百二十五条　违反本法规定，有下列情形之一的，由县级以上人民政府食品药品监督管理部门没收违法所得和违法生产经营的食品、食品添加剂，并可以没收用于违法生产经营的工具、设备、原料等物品；违法生产经营的食品、食品添加剂货值金额不足一万元的，并处五千元以上五万元以下罚款；货值金额一万元以上的，并处货值金额五倍以上十倍以下罚款；情节严重的，责令停产停业，直至吊销许可证：

（一）生产经营被包装材料、容器、运输工具等污染的食品、食品添加剂；

（二）生产经营无标签的预包装食品、食品添加剂或者标签、说明书不符合本法规定的食品、食品添加剂；

（三）生产经营转基因食品未按规定进行标示；

（四）食品生产经营者采购或者使用不符合食品安全标准的食品原料、

食品添加剂、食品相关产品。

生产经营的食品、食品添加剂的标签、说明书存在瑕疵但不影响食品安全且不会对消费者造成误导的，由县级以上人民政府食品药品监督管理部门责令改正；拒不改正的，处二千元以下罚款。

第一百二十六条　违反本法规定，有下列情形之一的，由县级以上人民政府食品药品监督管理部门责令改正，给予警告；拒不改正的，处五千元以上五万元以下罚款；情节严重的，责令停产停业，直至吊销许可证：

（一）食品、食品添加剂生产者未按规定对采购的食品原料和生产的食品、食品添加剂进行检验；

（二）食品生产经营企业未按规定建立食品安全管理制度，或者未按规定配备或者培训、考核食品安全管理人员；

（三）食品、食品添加剂生产经营者进货时未查验许可证和相关证明文件，或者未按规定建立并遵守进货查验记录、出厂检验记录和销售记录制度；

（四）食品生产经营企业未制定食品安全事故处置方案；

（五）餐具、饮具和盛放直接入口食品的容器，使用前未经洗净、消毒或者清洗消毒不合格，或者餐饮服务设施、设备未按规定定期维护、清洗、校验；

（六）食品生产经营者安排未取得健康证明或者患有国务院卫生行政部门规定的有碍食品安全疾病的人员从事接触直接入口食品的工作；

（七）食品经营者未按规定要求销售食品；

（八）保健食品生产企业未按规定向食品药品监督管理部门备案，或者未按备案的产品配方、生产工艺等技术要求组织生产；

（九）婴幼儿配方食品生产企业未将食品原料、食品添加剂、产品配方、标签等向食品药品监督管理部门备案；

（十）特殊食品生产企业未按规定建立生产质量管理体系并有效运行，或者未定期提交自查报告；

（十一）食品生产经营者未定期对食品安全状况进行检查评价，或者生产经营条件发生变化，未按规定处理；

（十二）学校、托幼机构、养老机构、建筑工地等集中用餐单位未按规

定履行食品安全管理责任;

(十三) 食品生产企业、餐饮服务提供者未按规定制定、实施生产经营过程控制要求。

餐具、饮具集中消毒服务单位违反本法规定用水,使用洗涤剂、消毒剂,或者出厂的餐具、饮具未按规定检验合格并随附消毒合格证明,或者未按规定在独立包装上标注相关内容的,由县级以上人民政府卫生行政部门依照前款规定给予处罚。

食品相关产品生产者未按规定对生产的食品相关产品进行检验的,由县级以上人民政府质量监督部门依照第一款规定给予处罚。

食用农产品销售者违反本法第六十五条规定的,由县级以上人民政府食品药品监督管理部门依照第一款规定给予处罚。

第一百二十七条　对食品生产加工小作坊、食品摊贩等的违法行为的处罚,依照省、自治区、直辖市制定的具体管理办法执行。

第一百二十八条　违反本法规定,事故单位在发生食品安全事故后未进行处置、报告的,由有关主管部门按照各自职责分工责令改正,给予警告;隐匿、伪造、毁灭有关证据的,责令停产停业,没收违法所得,并处十万元以上五十万元以下罚款;造成严重后果的,吊销许可证。

第一百二十九条　违反本法规定,有下列情形之一的,由出入境检验检疫机构依照本法第一百二十四条的规定给予处罚:

(一) 提供虚假材料,进口不符合我国食品安全国家标准的食品、食品添加剂、食品相关产品;

(二) 进口尚无食品安全国家标准的食品,未提交所执行的标准并经国务院卫生行政部门审查,或者进口利用新的食品原料生产的食品或者进口食品添加剂新品种、食品相关产品新品种,未通过安全性评估;

(三) 未遵守本法的规定出口食品;

(四) 进口商在有关主管部门责令其依照本法规定召回进口的食品后,仍拒不召回。

违反本法规定,进口商未建立并遵守食品、食品添加剂进口和销售记录制度、境外出口商或者生产企业审核制度的,由出入境检验检疫机构依照本法第一百二十六条的规定给予处罚。

第一百三十条　违反本法规定，集中交易市场的开办者、柜台出租者、展销会的举办者允许未依法取得许可的食品经营者进入市场销售食品，或者未履行检查、报告等义务的，由县级以上人民政府食品药品监督管理部门责令改正，没收违法所得，并处五万元以上二十万元以下罚款；造成严重后果的，责令停业，直至由原发证部门吊销许可证；使消费者的合法权益受到损害的，应当与食品经营者承担连带责任。

食用农产品批发市场违反本法第六十四条规定的，依照前款规定承担责任。

第一百三十一条　违反本法规定，网络食品交易第三方平台提供者未对入网食品经营者进行实名登记、审查许可证，或者未履行报告、停止提供网络交易平台服务等义务的，由县级以上人民政府食品药品监督管理部门责令改正，没收违法所得，并处五万元以上二十万元以下罚款；造成严重后果的，责令停业，直至由原发证部门吊销许可证；使消费者的合法权益受到损害的，应当与食品经营者承担连带责任。

消费者通过网络食品交易第三方平台购买食品，其合法权益受到损害的，可以向入网食品经营者或者食品生产者要求赔偿。网络食品交易第三方平台提供者不能提供入网食品经营者的真实名称、地址和有效联系方式的，由网络食品交易第三方平台提供者赔偿。网络食品交易第三方平台提供者赔偿后，有权向入网食品经营者或者食品生产者追偿。网络食品交易第三方平台提供者作出更有利于消费者承诺的，应当履行其承诺。

第一百三十二条　违反本法规定，未按要求进行食品贮存、运输和装卸的，由县级以上人民政府食品药品监督管理等部门按照各自职责分工责令改正，给予警告；拒不改正的，责令停产停业，并处一万元以上五万元以下罚款；情节严重的，吊销许可证。

第一百三十三条　违反本法规定，拒绝、阻挠、干涉有关部门、机构及其工作人员依法开展食品安全监督检查、事故调查处理、风险监测和风险评估的，由有关主管部门按照各自职责分工责令停产停业，并处二千元以上五万元以下罚款；情节严重的，吊销许可证；构成违反治安管理行为的，由公安机关依法给予治安管理处罚。

违反本法规定，对举报人以解除、变更劳动合同或者其他方式打击报复的，应当依照有关法律的规定承担责任。

第一百三十四条　食品生产经营者在一年内累计三次因违反本法规定受到责令停产停业、吊销许可证以外处罚的，由食品药品监督管理部门责令停产停业，直至吊销许可证。

第一百三十五条　被吊销许可证的食品生产经营者及其法定代表人、直接负责的主管人员和其他直接责任人员自处罚决定作出之日起五年内不得申请食品生产经营许可，或者从事食品生产经营管理工作、担任食品生产经营企业食品安全管理人员。

因食品安全犯罪被判处有期徒刑以上刑罚的，终身不得从事食品生产经营管理工作，也不得担任食品生产经营企业食品安全管理人员。

食品生产经营者聘用人员违反前两款规定的，由县级以上人民政府食品药品监督管理部门吊销许可证。

第一百三十六条　食品经营者履行了本法规定的进货查验等义务，有充分证据证明其不知道所采购的食品不符合食品安全标准，并能如实说明其进货来源的，可以免予处罚，但应当依法没收其不符合食品安全标准的食品；造成人身、财产或者其他损害的，依法承担赔偿责任。

第一百三十七条　违反本法规定，承担食品安全风险监测、风险评估工作的技术机构、技术人员提供虚假监测、评估信息的，依法对技术机构直接负责的主管人员和技术人员给予撤职、开除处分；有执业资格的，由授予其资格的主管部门吊销执业证书。

第一百三十八条　违反本法规定，食品检验机构、食品检验人员出具虚假检验报告的，由授予其资质的主管部门或者机构撤销该食品检验机构的检验资质，没收所收取的检验费用，并处检验费用五倍以上十倍以下罚款，检验费用不足一万元的，并处五万元以上十万元以下罚款；依法对食品检验机构直接负责的主管人员和食品检验人员给予撤职或者开除处分；导致发生重大食品安全事故的，对直接负责的主管人员和食品检验人员给予开除处分。

违反本法规定，受到开除处分的食品检验机构人员，自处分决定作出之日起十年内不得从事食品检验工作；因食品安全违法行为受到刑事处罚或者因出具虚假检验报告导致发生重大食品安全事故受到开除处分的食品检验机构人员，终身不得从事食品检验工作。食品检验机构聘用不得从事食品检验工作的人员的，由授予其资质的主管部门或者机构撤销该食品检验机构的检验资质。

食品检验机构出具虚假检验报告，使消费者的合法权益受到损害的，应当与食品生产经营者承担连带责任。

第一百三十九条　违反本法规定，认证机构出具虚假认证结论，由认证认可监督管理部门没收所收取的认证费用，并处认证费用五倍以上十倍以下罚款，认证费用不足一万元的，并处五万元以上十万元以下罚款；情节严重的，责令停业，直至撤销认证机构批准文件，并向社会公布；对直接负责的主管人员和负有直接责任的认证人员，撤销其执业资格。

认证机构出具虚假认证结论，使消费者的合法权益受到损害的，应当与食品生产经营者承担连带责任。

第一百四十条　违反本法规定，在广告中对食品作虚假宣传，欺骗消费者，或者发布未取得批准文件、广告内容与批准文件不一致的保健食品广告的，依照《中华人民共和国广告法》的规定给予处罚。

广告经营者、发布者设计、制作、发布虚假食品广告，使消费者的合法权益受到损害的，应当与食品生产经营者承担连带责任。

社会团体或者其他组织、个人在虚假广告或者其他虚假宣传中向消费者推荐食品，使消费者的合法权益受到损害的，应当与食品生产经营者承担连带责任。

违反本法规定，食品药品监督管理等部门、食品检验机构、食品行业协会以广告或者其他形式向消费者推荐食品，消费者组织以收取费用或者其他牟取利益的方式向消费者推荐食品的，由有关主管部门没收违法所得，依法对直接负责的主管人员和其他直接责任人员给予记大过、降级或者撤职处分；情节严重的，给予开除处分。

对食品作虚假宣传且情节严重的，由省级以上人民政府食品药品监督管理部门决定暂停销售该食品，并向社会公布；仍然销售该食品的，由县级以上人民政府食品药品监督管理部门没收违法所得和违法销售的食品，并处二万元以上五万元以下罚款。

第一百四十一条 违反本法规定，编造、散布虚假食品安全信息，构成违反治安管理行为的，由公安机关依法给予治安管理处罚。

媒体编造、散布虚假食品安全信息的，由有关主管部门依法给予处罚，并对直接负责的主管人员和其他直接责任人员给予处分；使公民、法人或者其他组织的合法权益受到损害的，依法承担消除影响、恢复名誉、赔偿损失、赔礼道歉等民事责任。

第一百四十二条 违反本法规定，县级以上地方人民政府有下列行为之一的，对直接负责的主管人员和其他直接责任人员给予记大过处分；情节较重的，给予降级或者撤职处分；情节严重的，给予开除处分；造成严重后果的，其主要负责人还应当引咎辞职：

（一）对发生在本行政区域内的食品安全事故，未及时组织协调有关部门开展有效处置，造成不良影响或者损失；

（二）对本行政区域内涉及多环节的区域性食品安全问题，未及时组织整治，造成不良影响或者损失；

（三）隐瞒、谎报、缓报食品安全事故；

（四）本行政区域内发生特别重大食品安全事故，或者连续发生重大食品安全事故。

第一百四十三条 违反本法规定，县级以上地方人民政府有下列行为之一的，对直接负责的主管人员和其他直接责任人员给予警告、记过或者记大过处分；造成严重后果的，给予降级或者撤职处分：

（一）未确定有关部门的食品安全监督管理职责，未建立健全食品安全全程监督管理工作机制和信息共享机制，未落实食品安全监督管理责任制；

（二）未制定本行政区域的食品安全事故应急预案，或者发生食品安全事故后未按规定立即成立事故处置指挥机构、启动应急预案。

第一百四十四条 违反本法规定，县级以上人民政府食品药品监督管理、卫生行政、质量监督、农业行政等部门有下列行为之一的，对直接负责的主管人员和其他直接责任人员给予记大过处分；情节较重的，给予降级或者撤职处分；情节严重的，给予开除处分；造成严重后果的，其主要负责人还应当引咎辞职：

（一）隐瞒、谎报、缓报食品安全事故；

（二）未按规定查处食品安全事故，或者接到食品安全事故报告未及时处理，造成事故扩大或者蔓延；

（三）经食品安全风险评估得出食品、食品添加剂、食品相关产品不安全结论后，未及时采取相应措施，造成食品安全事故或者不良社会影响；

（四）对不符合条件的申请人准予许可，或者超越法定职权准予许可；

（五）不履行食品安全监督管理职责，导致发生食品安全事故。

第一百四十五条 违反本法规定，县级以上人民政府食品药品监督管理、卫生行政、质量监督、农业行政等部门有下列行为之一，造成不良后果的，对直接负责的主管人员和其他直接责任人员给予警告、记过或者记大过处分；情节较重的，给予降级或者撤职处分；情节严重的，给予开除处分：

（一）在获知有关食品安全信息后，未按规定向上级主管部门和本级人民政府报告，或者未按规定相互通报；

（二）未按规定公布食品安全信息；

（三）不履行法定职责，对查处食品安全违法行为不配合，或者滥用职权、玩忽职守、徇私舞弊。

第一百四十六条 食品药品监督管理、质量监督等部门在履行食品安全监督管理职责过程中，违法实施检查、强制等执法措施，给生产经营者造成损失的，应当依法予以赔偿，对直接负责的主管人员和其他直接责任人员依法给予处分。

第一百四十七条 违反本法规定，造成人身、财产或者其他损害的，依法承担赔偿责任。生产经营者财产不足以同时承担民事赔偿责任和缴纳罚款、罚金时，先承担民事赔偿责任。

第一百四十八条 消费者因不符合食品安全标准的食品受到损害的，可以向经营者要求赔偿损失，也可以向生产者要求赔偿损失。接到消费者赔偿要求的生产经营者，应当实行首负责任制，先行赔付，不得推诿；属于生产者责任的，经营者赔偿后有权向生产者追偿；属于经营者责任的，生产者赔偿后有权向经营者追偿。

生产不符合食品安全标准的食品或者经营明知是不符合食品安全标准的食品，消费者除要求赔偿损失外，还可以向生产者或者经营者要求支付价款十倍或者损失三倍的赔偿金；增加赔偿的金额不足一千元的，为一千元。但是，食品的标签、说明书存在不影响食品安全且不会对消费者造成误导的瑕疵的除外。

第一百四十九条　违反本法规定，构成犯罪的，依法追究刑事责任。

第十章　附　　则

第一百五十条　本法下列用语的含义：

食品，指各种供人食用或者饮用的成品和原料以及按照传统既是食品又是中药材的物品，但是不包括以治疗为目的的物品。

食品安全，指食品无毒、无害，符合应当有的营养要求，对人体健康不造成任何急性、亚急性或者慢性危害。

预包装食品，指预先定量包装或者制作在包装材料、容器中的食品。

食品添加剂，指为改善食品品质和色、香、味以及为防腐、保鲜和加工工艺的需要而加入食品中的人工合成或者天然物质，包括营养强化剂。

用于食品的包装材料和容器，指包装、盛放食品或者食品添加剂用的纸、竹、木、金属、搪瓷、陶瓷、塑料、橡胶、天然纤维、化学纤维、玻璃等制品和直接接触食品或者食品添加剂的涂料。

用于食品生产经营的工具、设备，指在食品或者食品添加剂生产、销售、使用过程中直接接触食品或者食品添加剂的机械、管道、传送带、容器、用具、餐具等。

用于食品的洗涤剂、消毒剂，指直接用于洗涤或者消毒食品、餐具、饮具以及直接接触食品的工具、设备或者食品包装材料和容器的物质。

食品保质期，指食品在标明的贮存条件下保持品质的期限。

食源性疾病，指食品中致病因素进入人体引起的感染性、中毒性等疾病，包括食物中毒。

食品安全事故，指食源性疾病、食品污染等源于食品，对人体健康有危害或者可能有危害的事故。

第一百五十一条　转基因食品和食盐的食品安全管理，本法未作规定的，适用其他法律、行政法规的规定。

第一百五十二条　铁路、民航运营中食品安全的管理办法由国务院食品药品监督管理部门会同国务院有关部门依照本法制定。

保健食品的具体管理办法由国务院食品药品监督管理部门依照本法制定。

食品相关产品生产活动的具体管理办法由国务院质量监督部门依照本法制定。

国境口岸食品的监督管理由出入境检验检疫机构依照本法以及有关法律、行政法规的规定实施。

军队专用食品和自供食品的食品安全管理办法由中央军事委员会依照本法制定。

第一百五十三条　国务院根据实际需要，可以对食品安全监督管理体制作出调整。

第一百五十四条　本法自 2015 年 10 月 1 日起施行。

中华人民共和国食品安全法实施条例

（2009 年 7 月 20 日中华人民共和国国务院令第 557 号公布，
根据 2016 年 2 月 6 日《国务院关于修改部分行政法规的决定》
国务院令第 666 号修订）

目　　录

第一章　总　　则

第一条　根据《中华人民共和国食品安全法》（以下简称食品安全法），制定本条例。

第二条　县级以上地方人民政府应当履行食品安全法规定的职责；加强食品安全监督管理能力建设，为食品安全监督管理工作提供保障；建立健全食品安全监督管理部门的协调配合机制，整合、完善食品安全信息网络，实现食品安全信息共享和食品检验等技术资源的共享。

第三条　食品生产经营者应当依照法律、法规和食品安全标准从事生产经营活动，建立健全食品安全管理制度，采取有效管理措施，保证食品安全。

食品生产经营者对其生产经营的食品安全负责，对社会和公众负责，承担社会责任。

第四条 食品安全监督管理部门应当依照食品安全法和本条例的规定公布食品安全信息，为公众咨询、投诉、举报提供方便；任何组织和个人有权向有关部门了解食品安全信息。

第二章 食品安全风险监测和评估

第五条 食品安全法第十一条规定的国家食品安全风险监测计划，由国务院卫生行政部门会同国务院质量监督、工商行政管理和国家食品药品监督管理以及国务院商务、工业和信息化等部门，根据食品安全风险评估、食品安全标准制定与修订、食品安全监督管理等工作的需要制定。

第六条 省、自治区、直辖市人民政府卫生行政部门应当组织同级质量监督、工商行政管理、食品药品监督管理、商务、工业和信息化等部门，依照食品安全法第十一条的规定，制定本行政区域的食品安全风险监测方案，报国务院卫生行政部门备案。

国务院卫生行政部门应当将备案情况向国务院质量监督、工商行政管理和国家食品药品监督管理以及国务院商务、工业和信息化等部门通报。

第七条 国务院卫生行政部门会同有关部门除依照食品安全法第十二条的规定对国家食品安全风险监测计划作出调整外，必要时，还应当依据医疗机构报告的有关疾病信息调整国家食品安全风险监测计划。

国家食品安全风险监测计划作出调整后，省、自治区、直辖市人民政府卫生行政部门应当结合本行政区域的具体情况，对本行政区域的食品安全风险监测方案作出相应调整。

第八条 医疗机构发现其接收的病人属于食源性疾病病人、食物中毒病人，或者疑似食源性疾病病人、疑似食物中毒病人的，应当及时向所在地县级人民政府卫生行政部门报告有关疾病信息。

接到报告的卫生行政部门应当汇总、分析有关疾病信息，及时向本级人民政府报告，同时报告上级卫生行政部门；必要时，可以直接向国务院卫生行政部门报告，同时报告本级人民政府和上级卫生行政部门。

第九条　食品安全风险监测工作由省级以上人民政府卫生行政部门会同同级质量监督、工商行政管理、食品药品监督管理等部门确定的技术机构承担。

承担食品安全风险监测工作的技术机构应当根据食品安全风险监测计划和监测方案开展监测工作，保证监测数据真实、准确，并按照食品安全风险监测计划和监测方案的要求，将监测数据和分析结果报送省级以上人民政府卫生行政部门和下达监测任务的部门。

食品安全风险监测工作人员采集样品、收集相关数据，可以进入相关食用农产品种植养殖、食品生产、食品流通或者餐饮服务场所。采集样品，应当按照市场价格支付费用。

第十条　食品安全风险监测分析结果表明可能存在食品安全隐患的，省、自治区、直辖市人民政府卫生行政部门应当及时将相关信息通报本行政区域设区的市级和县级人民政府及其卫生行政部门。

第十一条　国务院卫生行政部门应当收集、汇总食品安全风险监测数据和分析结果，并向国务院质量监督、工商行政管理和国家食品药品监督管理以及国务院商务、工业和信息化等部门通报。

第十二条　有下列情形之一的，国务院卫生行政部门应当组织食品安全风险评估工作：

（一）为制定或者修订食品安全国家标准提供科学依据需要进行风险评估的；

（二）为确定监督管理的重点领域、重点品种需要进行风险评估的；

（三）发现新的可能危害食品安全的因素的；

（四）需要判断某一因素是否构成食品安全隐患的；

（五）国务院卫生行政部门认为需要进行风险评估的其他情形。

第十三条　国务院农业行政、质量监督、工商行政管理和国家食品药品监督管理等有关部门依照食品安全法第十五条规定向国务院卫生行政部门提出食品安全风险评估建议，应当提供下列信息和资料：

（一）风险的来源和性质；

（二）相关检验数据和结论；

（三）风险涉及范围；

（四）其他有关信息和资料。

县级以上地方农业行政、质量监督、工商行政管理、食品药品监督管理等有关部门应当协助收集前款规定的食品安全风险评估信息和资料。

第十四条 省级以上人民政府卫生行政、农业行政部门应当及时相互通报食品安全风险监测和食用农产品质量安全风险监测的相关信息。

国务院卫生行政、农业行政部门应当及时相互通报食品安全风险评估结果和食用农产品质量安全风险评估结果等相关信息。

第三章 食品安全标准

第十五条 国务院卫生行政部门会同国务院农业行政、质量监督、工商行政管理和国家食品药品监督管理以及国务院商务、工业和信息化等部门制定食品安全国家标准规划及其实施计划。制定食品安全国家标准规划及其实施计划，应当公开征求意见。

第十六条 国务院卫生行政部门应当选择具备相应技术能力的单位起草食品安全国家标准草案。提倡由研究机构、教育机构、学术团体、行业协会等单位，共同起草食品安全国家标准草案。

国务院卫生行政部门应当将食品安全国家标准草案向社会公布，公开征求意见。

第十七条 食品安全法第二十三条规定的食品安全国家标准审评委员会由国务院卫生行政部门负责组织。

食品安全国家标准审评委员会负责审查食品安全国家标准草案的科学性和实用性等内容。

第十八条 省、自治区、直辖市人民政府卫生行政部门应当将企业依照食品安全法第二十五条规定报送备案的企业标准，向同级农业行政、质量监督、工商行政管理、食品药品监督管理、商务、工业和信息化等部门通报。

第十九条 国务院卫生行政部门和省、自治区、直辖市人民政府卫生行政部门应当会同同级农业行政、质量监督、工商行政管理、食品药品监督管理、商务、工业和信息化等部门，对食品安全国家标准和食品安全地方标准的执行情况分别进行跟踪评价，并应当根据评价结果适时组织修订食品安全标准。

国务院和省、自治区、直辖市人民政府的农业行政、质量监督、工商行政管理、食品药品监督管理、商务、工业和信息化等部门应当收集、汇总食品安全标准在执行过程中存在的问题，并及时向同级卫生行政部门通报。

食品生产经营者、食品行业协会发现食品安全标准在执行过程中存在问题的，应当立即向食品安全监督管理部门报告。

第四章　食品生产经营

第二十条　食品生产经营者应当依法取得相应的食品生产经营许可。法律、法规对食品生产加工小作坊和食品摊贩另有规定的，依照其规定。

食品生产经营许可的有效期为 3 年。

第二十一条　食品生产经营者的生产经营条件发生变化，不符合食品生产经营要求的，食品生产经营者应当立即采取整改措施；有发生食品安全事故的潜在风险的，应当立即停止食品生产经营活动，并向所在地县级质量监督、工商行政管理或者食品药品监督管理部门报告；需要重新办理许可手续的，应当依法办理。

县级以上质量监督、工商行政管理、食品药品监督管理部门应当加强对食品生产经营者生产经营活动的日常监督检查；发现不符合食品生产经营要求情形的，应当责令立即纠正，并依法予以处理；不再符合生产经营许可条件的，应当依法撤销相关许可。

第二十二条　食品生产经营企业应当依照食品安全法第三十二条的规定组织职工参加食品安全知识培训，学习食品安全法律、法规、规章、标准和其他食品安全知识，并建立培训档案。

第二十三条　食品生产经营者应当依照食品安全法第三十四条的规定建立并执行从业人员健康检查制度和健康档案制度。从事接触直接入口食品工作的人员患有痢疾、伤寒、甲型病毒性肝炎、戊型病毒性肝炎等消化道传染病，以及患有活动性肺结核、化脓性或者渗出性皮肤病等有碍食品安全的疾病的，食品生产经营者应当将其调整到其他不影响食品安全的工作岗位。

食品生产经营人员依照食品安全法第三十四条第二款规定进行健康检查，其检查项目等事项应当符合所在地省、自治区、直辖市的规定。

第二十四条　食品生产经营企业应当依照食品安全法第三十六条第二款、第三十七条第一款、第三十九条第二款的规定建立进货查验记录制度、食品出厂检验记录制度，如实记录法律规定记录的事项，或者保留载有相关信息的进货或者销售票据。记录、票据的保存期限不得少于2年。

第二十五条　实行集中统一采购原料的集团性食品生产企业，可以由企业总部统一查验供货者的许可证和产品合格证明文件，进行进货查验记录；对无法提供合格证明文件的食品原料，应当依照食品安全标准进行检验。

第二十六条　食品生产企业应当建立并执行原料验收、生产过程安全管理、贮存管理、设备管理、不合格产品管理等食品安全管理制度，不断完善食品安全保障体系，保证食品安全。

第二十七条　食品生产企业应当就下列事项制定并实施控制要求，保证出厂的食品符合食品安全标准：

（一）原料采购、原料验收、投料等原料控制；

（二）生产工序、设备、贮存、包装等生产关键环节控制；

（三）原料检验、半成品检验、成品出厂检验等检验控制；

（四）运输、交付控制。

食品生产过程中有不符合控制要求情形的，食品生产企业应当立即查明原因并采取整改措施。

第二十八条　食品生产企业除依照食品安全法第三十六条、第三十七条规定进行进货查验记录和食品出厂检验记录外，还应当如实记录食品生产过程的安全管理情况。记录的保存期限不得少于2年。

第二十九条　从事食品批发业务的经营企业销售食品，应当如实记录批发食品的名称、规格、数量、生产批号、保质期、购货者名称及联系方式、销售日期等内容，或者保留载有相关信息的销售票据。记录、票据的保存期限不得少于2年。

第三十条　国家鼓励食品生产经营者采用先进技术手段，记录食品安全法和本条例要求记录的事项。

第三十一条 餐饮服务提供者应当制定并实施原料采购控制要求，确保所购原料符合食品安全标准。

餐饮服务提供者在制作加工过程中应当检查待加工的食品及原料，发现有腐败变质或者其他感官性状异常的，不得加工或者使用。

第三十二条 餐饮服务提供企业应当定期维护食品加工、贮存、陈列等设施、设备；定期清洗、校验保温设施及冷藏、冷冻设施。

餐饮服务提供者应当按照要求对餐具、饮具进行清洗、消毒，不得使用未经清洗和消毒的餐具、饮具。

第三十三条 对依照食品安全法第五十三条规定被召回的食品，食品生产者应当进行无害化处理或者予以销毁，防止其再次流入市场。对因标签、标识或者说明书不符合食品安全标准而被召回的食品，食品生产者在采取补救措施且能保证食品安全的情况下可以继续销售；销售时应当向消费者明示补救措施。

县级以上质量监督、工商行政管理、食品药品监督管理部门应当将食品生产者召回不符合食品安全标准的食品的情况，以及食品经营者停止经营不符合食品安全标准的食品的情况，记入食品生产经营者食品安全信用档案。

第五章　食品检验

第三十四条 申请人依照食品安全法第六十条第三款规定向承担复检工作的食品检验机构（以下称复检机构）申请复检，应当说明理由。

复检机构名录由国务院认证认可监督管理、卫生行政、农业行政等部门共同公布。复检机构出具的复检结论为最终检验结论。

复检机构由复检申请人自行选择。复检机构与初检机构不得为同一机构。

第三十五条 食品生产经营者对依照食品安全法第六十条规定进行的抽样检验结论有异议申请复检，复检结论表明食品合格的，复检费用由抽样检验的部门承担；复检结论表明食品不合格的，复检费用由食品生产经营者承担。

第六章 食品进出口

第三十六条 进口食品的进口商应当持合同、发票、装箱单、提单等必要的凭证和相关批准文件，向海关报关地的出入境检验检疫机构报检。进口食品应当经出入境检验检疫机构检验合格。海关凭出入境检验检疫机构签发的通关证明放行。

第三十七条 进口尚无食品安全国家标准的食品，或者首次进口食品添加剂新品种、食品相关产品新品种，进口商应当向出入境检验检疫机构提交依照食品安全法第六十三条规定取得的许可证明文件，出入境检验检疫机构应当按照国务院卫生行政部门的要求进行检验。

第三十八条 国家出入境检验检疫部门在进口食品中发现食品安全国家标准未规定且可能危害人体健康的物质，应当按照食品安全法第十二条的规定向国务院卫生行政部门通报。

第三十九条 向我国境内出口食品的境外食品生产企业依照食品安全法第六十五条规定进行注册，其注册有效期为4年。已经注册的境外食品生产企业提供虚假材料，或者因境外食品生产企业的原因致使相关进口食品发生重大食品安全事故的，国家出入境检验检疫部门应当撤销注册，并予以公告。

第四十条 进口的食品添加剂应当有中文标签、中文说明书。标签、说明书应当符合食品安全法和我国其他有关法律、行政法规的规定以及食品安全国家标准的要求，载明食品添加剂的原产地和境内代理商的名称、地址、联系方式。食品添加剂没有中文标签、中文说明书或者标签、说明书不符合本条规定的，不得进口。

第四十一条 出入境检验检疫机构依照食品安全法第六十二条规定对进口食品实施检验，依照食品安全法第六十八条规定对出口食品实施监督、抽检，具体办法由国家出入境检验检疫部门制定。

第四十二条 国家出入境检验检疫部门应当建立信息收集网络，依照食品安全法第六十九条的规定，收集、汇总、通报下列信息：

（一）出入境检验检疫机构对进出口食品实施检验检疫发现的食品安全信息；

（二）行业协会、消费者反映的进口食品安全信息；

（三）国际组织、境外政府机构发布的食品安全信息、风险预警信息，以及境外行业协会等组织、消费者反映的食品安全信息；

（四）其他食品安全信息。

接到通报的部门必要时应当采取相应处理措施。

食品安全监督管理部门应当及时将获知的涉及进出口食品安全的信息向国家出入境检验检疫部门通报。

第七章　食品安全事故处置

第四十三条　发生食品安全事故的单位对导致或者可能导致食品安全事故的食品及原料、工具、设备等，应当立即采取封存等控制措施，并自事故发生之时起 2 小时内向所在地县级人民政府卫生行政部门报告。

第四十四条　调查食品安全事故，应当坚持实事求是、尊重科学的原则，及时、准确查清事故性质和原因，认定事故责任，提出整改措施。

参与食品安全事故调查的部门应当在卫生行政部门的统一组织协调下分工协作、相互配合，提高事故调查处理的工作效率。

食品安全事故的调查处理办法由国务院卫生行政部门会同国务院有关部门制定。

第四十五条　参与食品安全事故调查的部门有权向有关单位和个人了解与事故有关的情况，并要求提供相关资料和样品。

有关单位和个人应当配合食品安全事故调查处理工作，按照要求提供相关资料和样品，不得拒绝。

第四十六条　任何单位或者个人不得阻挠、干涉食品安全事故的调查处理。

第八章　监督管理

第四十七条　县级以上地方人民政府依照食品安全法第七十六条规定制定的食品安全年度监督管理计划，应当包含食品抽样检验的内容。对专供婴幼儿、老年人、病人等特定人群的主辅食品，应当重点加强抽样检验。

县级以上农业行政、质量监督、工商行政管理、食品药品监督管理部门应当按照食品安全年度监督管理计划进行抽样检验。抽样检验购买样品所需费用和检验费等，由同级财政列支。

第四十八条　县级人民政府应当统一组织、协调本级卫生行政、农业行政、质量监督、工商行政管理、食品药品监督管理部门，依法对本行政区域内的食品生产经营者进行监督管理；对发生食品安全事故风险较高的食品生产经营者，应当重点加强监督管理。

在国务院卫生行政部门公布食品安全风险警示信息，或者接到所在地省、自治区、直辖市人民政府卫生行政部门依照本条例第十条规定通报的食品安全风险监测信息后，设区的市级和县级人民政府应当立即组织本级卫生行政、农业行政、质量监督、工商行政管理、食品药品监督管理部门采取有针对性的措施，防止发生食品安全事故。

第四十九条　国务院卫生行政部门应当根据疾病信息和监督管理信息等，对发现的添加或者可能添加到食品中的非食品用化学物质和其他可能危害人体健康的物质的名录及检测方法予以公布；国务院质量监督、工商行政管理和国家食品药品监督管理部门应当采取相应的监督管理措施。

第五十条　质量监督、工商行政管理、食品药品监督管理部门在食品安全监督管理工作中可以采用国务院质量监督、工商行政管理和国家食品药品监督管理部门认定的快速检测方法对食品进行初步筛查；对初步筛查结果表明可能不符合食品安全标准的食品，应当依照食品安全法第六十条第三款的规定进行检验。初步筛查结果不得作为执法依据。

第五十一条　食品安全法第八十二条第二款规定的食品安全日常监督管理信息包括：

（一）依照食品安全法实施行政许可的情况；

（二）责令停止生产经营的食品、食品添加剂、食品相关产品的名录；

（三）查处食品生产经营违法行为的情况；

（四）专项检查整治工作情况；

（五）法律、行政法规规定的其他食品安全日常监督管理信息。

前款规定的信息涉及两个以上食品安全监督管理部门职责的，由相关部门联合公布。

第五十二条　食品安全监督管理部门依照食品安全法第八十二条规定公布信息，应当同时对有关食品可能产生的危害进行解释、说明。

第五十三条　卫生行政、农业行政、质量监督、工商行政管理、食品药品监督管理等部门应当公布本单位的电子邮件地址或者电话，接受咨询、投诉、举报；对接到的咨询、投诉、举报，应当依照食品安全法第八十条的规定进行答复、核实、处理，并对咨询、投诉、举报和答复、核实、处理的情况予以记录、保存。

第五十四条　国务院工业和信息化、商务等部门依据职责制定食品行业的发展规划和产业政策，采取措施推进产业结构优化，加强对食品行业诚信体系建设的指导，促进食品行业健康发展。

第九章　法律责任

第五十五条　食品生产经营者的生产经营条件发生变化，未依照本条例第二十一条规定处理的，由有关主管部门责令改正，给予警告；造成严重后果的，依照食品安全法第八十五条的规定给予处罚。

第五十六条　餐饮服务提供者未依照本条例第三十一条第一款规定制定、实施原料采购控制要求的，依照食品安全法第八十六条的规定给予处罚。

餐饮服务提供者未依照本条例第三十一条第二款规定检查待加工的食品及原料，或者发现有腐败变质或者其他感官性状异常仍加工、使用的，依照食品安全法第八十五条的规定给予处罚。

第五十七条　有下列情形之一的，依照食品安全法第八十七条的规定给予处罚：

（一）食品生产企业未依照本条例第二十六条规定建立、执行食品安全管理制度的；

（二）食品生产企业未依照本条例第二十七条规定制定、实施生产过程控制要求，或者食品生产过程中有不符合控制要求的情形未依照规定采取整改措施的；

（三）食品生产企业未依照本条例第二十八条规定记录食品生产过程的

安全管理情况并保存相关记录的；

（四）从事食品批发业务的经营企业未依照本条例第二十九条规定记录、保存销售信息或者保留销售票据的；

（五）餐饮服务提供企业未依照本条例第三十二条第一款规定定期维护、清洗、校验设施、设备的；

（六）餐饮服务提供者未依照本条例第三十二条第二款规定对餐具、饮具进行清洗、消毒，或者使用未经清洗和消毒的餐具、饮具的。

第五十八条　进口不符合本条例第四十条规定的食品添加剂的，由出入境检验检疫机构没收违法进口的食品添加剂；违法进口的食品添加剂货值金额不足 1 万元的，并处 2000 元以上 5 万元以下罚款；货值金额 1 万元以上的，并处货值金额 2 倍以上 5 倍以下罚款。

第五十九条　医疗机构未依照本条例第八条规定报告有关疾病信息的，由卫生行政部门责令改正，给予警告。

第六十条　发生食品安全事故的单位未依照本条例第四十三条规定采取措施并报告的，依照食品安全法第八十八条的规定给予处罚。

第六十一条　县级以上地方人民政府不履行食品安全监督管理法定职责，本行政区域出现重大食品安全事故、造成严重社会影响的，依法对直接负责的主管人员和其他直接责任人员给予记大过、降级、撤职或者开除的处分。

县级以上卫生行政、农业行政、质量监督、工商行政管理、食品药品监督管理部门或者其他有关行政部门不履行食品安全监督管理法定职责、日常监督检查不到位或者滥用职权、玩忽职守、徇私舞弊的，依法对直接负责的主管人员和其他直接责任人员给予记大过或者降级的处分；造成严重后果的，给予撤职或者开除的处分；其主要负责人应当引咎辞职。

第十章　附　　则

第六十二条　本条例下列用语的含义：

食品安全风险评估，指对食品、食品添加剂中生物性、化学性和物理性危害对人体健康可能造成的不良影响所进行的科学评估，包括危害识别、危害特征描述、暴露评估、风险特征描述等。

餐饮服务，指通过即时制作加工、商业销售和服务性劳动等，向消费者提供食品和消费场所及设施的服务活动。

第六十三条　食用农产品质量安全风险监测和风险评估由县级以上人民政府农业行政部门依照《中华人民共和国农产品质量安全法》的规定进行。

国境口岸食品的监督管理由出入境检验检疫机构依照食品安全法和本条例以及有关法律、行政法规的规定实施。

食品药品监督管理部门对声称具有特定保健功能的食品实行严格监管，具体办法由国务院另行制定。

第六十四条　本条例自公布之日起施行。

日本食品安全基本法

（2003 年 5 月 23 日法律第 48 号公布，

2007 年 3 月 30 日法律第 8 号修改）

目　　录

第一章　总　　则

（目的）

第一条　鉴于准确应对科学技术的发展、国际化的进展以及其他国民饮食生活相关环境变化的迫切性，本法旨在确保食品安全，确定基本理念，明确国家、地方公共团体和食品关联企业的责任以及消费者的作用，确立制定政策的基本方针，以资综合推进食品安全政策。

（定义）

第二条　本法中的"食品"是指所有饮食物（《药事法》（1960 年第 145 号法律）规定的药品和准药品除外）。

（采取措施确保食品安全的基本认识）

第三条　采取必要措施，确保食品安全，是基于对保护国民健康为重中之重的基本共识。

（食品供给过程各个阶段的适当措施）

第四条　在国内外食品供给过程（以下称之为"食品供给过程"）中一切要素均可影响到食品的安全，应当在食品供给过程的各个阶段适当地采取必要措施，以确保食品的安全。

（防止对国民健康构成不良影响）

第五条　要确保食品的安全，应当充分考虑食品安全的国际动向和国民意见，根据科学认识采取必要措施，防止因摄取食品对国民健康造成不良影响。

（国家的责任）

第六条　国家应当根据前面三条所规定的确保食品安全的基本理念（以下称之为"基本理念"）综合制定、实施食品安全政策。

（地方公共团体的责任）

第七条　地方公共团体应依据基本理念，在与国家食品安全职责进行适当分工的基础上，制定、实施与其区域诸多自然、经济、社会条件相适应的政策。

（食品关联企业的责任）

第八条　企业在从事肥料、农药、饲料、饲料添加剂、动物用药以及其他影响食品安全的农林渔生产资材、食品（包括作为原料和材料使用的农林水产品）、添加剂〔指《食品卫生法》（1947 年第 233 号法律）第四条第二款规定的添加剂〕、器具（指同条第四款中规定的器具）或容器包装（指同条第五款中规定的容器包装）的生产、运输、销售以及其他企业活动时，应当根据基本理念，认识到将确保食品安全作为其第一位责任，有责任在食品供给过程中的各个阶段适当地采取必要措施，确保食品的安全。

除上述规定外，食品关联企业在从事企业活动时，应依据基本理念，尽力提供与其经营活动有关的食品正确且恰当的信息。

除前两款规定外，食品关联企业有责任根据基本理念，协助国家、地方公共团体实施与其企业活动相关的食品安全政策。

（消费者的作用）

第九条　消费者应加深对确保食品安全性有关知识的理解；同时对食品安全政策发表自己的意见，发挥其确保食品安全的积极作用。

第十条　为了实施食品安全政策，政府应当采取法制上、财政上以及其他的必要措施。

第二章　制定政策的基本方针

（食品影响健康评估的实施）

第十一条　在制定食品安全政策时，应当对食品本身含有或加入到食品中的影响人身健康的生物学的、化学的、物理上的因素和状态进行评价，判断其对人身健康的影响（以下称之为"食品影响健康评估"）。但下列情形不在此限：

（一）从政策的内容看进行食品影响健康评价明显没有必要的；

（二）影响人身健康的内容和程度明确的；

（三）需要紧急防止、抑制对人身健康产生的不良影响而不能事前进行食品影响健康评价的。

对于前款第（三）项的情形，应当在事后及时进行食品影响健康评价，不得延误。

前两款的食品影响健康评价应当根据达到当时水准的科学知识，客观、中立、公正地进行评估。

（考虑国民饮食生活状况等因素、根据食品影响健康评价的结果制定政策）

第十二条　为了防止、抑制因摄取食品对人身健康产生不良的影响，制定食品安全政策时，应当考虑国民饮食生活状况等因素；如果根据第十一条第一款、第二款的规定实施了食品影响健康评价，应当根据其评价结果制定食品安全政策。

（促进信息和意见的交换）

第十三条　为了将国民的意见反映到制定的政策中，并确保其制定过程的公正性和透明性，制定食品安全政策时，应当采取必要措施，促进提供政策相关的信息，提供机会陈述对政策的意见，促进相关单位、人员相互之间交换信息和意见。

（紧急事态应对体制的完善等）

第十四条　为了防止因摄取食品给人身健康造成重大损害，制定食品安全政策时，应当完善应对造成或可能造成损害的紧急事态以及防止事态发生的体制，并采取其他必要的措施。

（相关行政机关的相互密切合作）

第十五条　为了在食品供给过程中的各个阶段适当地采取必要措施确保食品安全，制定食品安全政策时，应当在相关行政机关的相互密切合作下进行。

（试验研究体制的完善等）

第十六条　鉴于努力充实科学知识对保障食品安全的重要性，制定食品安全政策时，应当完善试验研究体制、推进研究开发、普及研究成果、培养研究人员，并采取其他必要措施。

（收集、整理和应用国内外信息等）

第十七条　为了适当有效地实施必要措施，适应国民饮食生活环境的变化，保障食品安全，制定食品安全政策时应当收集、整理和应用食品安全相关的国内外信息，并采取其他必要的措施。

（确保标识制度的恰当运用等）

第十八条　鉴于食品标识对保障食品安全的重要性，在制定食品安全政策时，应当为确保适当运用食品标识制度以及正确传达食品信息采取必要的措施。

（关于保障食品安全的教育、学习等）

第十九条　为了振兴食品安全的教育、学习，充实食品安全的广播活动，加深国民对食品安全知识的理解，制定食品安全政策时，应当采取必要的措施。

第二十条　制定食品安全政策时，必须考虑到政策给环境带来的影响。

（措施实施的基本事项的决定及公布）

第二十一条　政府在制定第一条至二十条的规定措施时，应制定有关实施上述法规的基本事项（以下称"基本事项"）。

内阁总理大臣应当在听取食品安全委员会的意见后，制定基本事项的提案，请求内阁会议的决定。

内阁总理大臣根据前款规定取得内阁会议的决定后，应当立即公布基本事项，不得延误。

基本事项的变更准用前两款的规定。

第三章　食品安全委员会

（设置）

第二十二条　在内阁中设立食品安全委员会（以下称"委员会"）。

（所管事务）

第二十三条　委员会管理事务范围如下：

（一）根据第二十一条第二款的规定，有义务向内阁总理大臣陈述意见。

（二）根据第二十四条的规定或主动进行食品健康影响评价。

（三）依前项规定实施了食品影响健康评价，根据其结果，通过内阁总理大臣，劝告相关各个大臣所应采取的食品安全政策。

（四）依第二项规定实施了食品影响健康评价，根据其结果，监督所采取政策的实施状况，认为有必要时，通过内阁总理大臣劝告相关的各个大臣。

（五）调查审议食品安全政策的重要事项，认为有必要时，向相关行政机构的领导陈述意见。

（六）为了实施第二项至前项所列事务，进行必要的科学调查研究。

（七）策划、实施与第二项至前项所列事务相关的关系人相互之间交换信息和意见。

（八）相关行政机关与食品安全的相关人员相互之间交换信息和意见，就该事务进行调整。

委员会遵照前款第二项规定进行食品健康影响评价时；应及时将其对食品健康评价的结果通知各有关大臣，不得延误。

委员会根据前款的规定进行通知时，或根据第一款第三项；第四款规定进行劝告后；应及时公布其有关通知事项或劝告的内容，不得延误。

各有关大臣应当向委员会报告根据第一款第三项、第四款规定的劝告所采取的措施。

（听取的委员会意见）

第二十四条　在下列情形下，相关各个大臣应当听取委员会的意见，但委员会认为存在第十一条第一款第一项的情形或各个相关大臣认为存在同款第三项的情形不在此限：

（一）确定《食品卫生法》第六条第二项的但书（包括同法第六十二条第二款准用的情形）规定不会损害人身健康的情形，根据同法第七条第一款至第三款规定禁止销售或根据同条第四款规定解除或部分解除禁止，制定、修改和废止同法第九条第一款的厚生劳动省令，确定同法第十条不会损害人身健康的情形，根据同法第十一条第一款（包括同法第六十二条第二款准用的情形）规定制定标准和规格，确定同法第十一条第三款规定明显不会损害人身健康的物质和不会损害人身健康的量，根据同法第十八条第一款（包括同法第六十二条第三款准用的情形）规定制定标准或规格，或根据同法第五十条第一款规定制定标准；或据同法第十九条之十八第一项的规定制定标准时。

（二）根据《农药取缔法》（1948 年第 82 号法律）第一条之三的规定设定、变更和废止公定规格，根据同法第二条第一款规定指定、变更特定农药，制定、变更同法第三条第二款（包括同法第十五条之二第六项准用情形）的标准（除是否符合同法第三条第二款第六项、第七项情形的标准外）。

（三）根据《肥料取缔法》（1950 年第 127 号法律）第三条规定设定、变更和废止公定规格，立项制定、修改和废止同法第四条第一款第四项的政令，根据同法第七条第一款和第八条第三款规定登记、临时登记特定普通肥料，根据同法第十三条之二第二款（包括同法第三十三条之二第六款准用的情形）规定变更登记、临时登记特定普通肥料，根据同法第十三条之三第一款（包括同法第三十三条之二第六款准用的情形）规定变更登记、取消登记和临时登记特定普通肥料。

（四）立项制定、修改和废止《家畜传染病预防法》（1951 年第 166 号法律）第二条第一款的政令，制定、修改和废止确定同法第四条第一款之申报传染病的农林水产省令，立项制定、修改和废止同法第六十二条第一款的政令。

（五）根据《关于保障饲料安全、改善饲料质量的法律》（1953 年第 35号法律）第二条第三款规定指定饲料添加剂，根据同法第三条第一款规定设定、修改和废止标准和规格，根据同法第三十二条规定禁止制造、进口、销售和使用；

（六）制定、修改和废止《屠宰场法》（1953 年第 114 号法律）第六条、第九条、第十三条第一款第三项、第十四条第六款第二项、第三项的厚生劳动省令，立项制定、修改和废止同法第十四条第七款的政令。

（七）制定、修改和废止《水道法》（1957 年第 177 号法律）第四条第二款（限于同法第一款第一项至第三项规定的部分）的厚生劳动省令。

（八）《药事法》第十四条第一款或者根据同法第八十三条第一款的规定替换适用同法第十四条第一款的规定承认动物用药、准用药和医疗器械（以下称"动物用药等"），根据同法第十四条之三第一款（包括同法第二十条第一款准用的情形，以下同）或者根据同法第八十三条第一款的规定替换适用同法第十四条之三第一款的规定承认动物用药等，根据同法第十四条之四第一款（包括同法第十九条之四准用情形，以下同）或者根据同法第八十三条第一款的规定替换适用同法第十四条之六第一款（包括同法第十九条之四准用的情形，以下同）或者根据同法第八十三条第一款的规定替换适用同法第十四条之六第一款的规定再次对动物用药等进行评价，制定、修改和废止根据同法第八十三条第一款规定替换适用同法第十四条第二款第三项第二目、第八十三条之五第一款的农林水产省令。

（九）立项制定、修改和废止《关于防止污染农用地土壤等的法律》（1970 年第 139 号法律）第二条第三款的政令（限于确定在生产农畜产品的农用地中可能含有的可能损害人身健康的物质）、同法第三条第一款的政令（限于确定被认为使用农用地生产农畜产品可能损害人身健康以及这种可能性显著的地域要件）。

（十）制定、修改和废止《关于家禽处理规制和家禽检查的法律》（1990 年第 70 号法律）第十一条、第十五条第四款第二项和第三项、同条第六款、第十九条的厚生劳动省令。

（十一）根据《部分修改食品卫生法和营养改善法的法律》（1995 年第 101 号法律）附则第二条之二第一款规定取消添加剂名称。

（十二）立项制定、修改和废止《应对二噁英特别措施法》（1999 年第 105 号法律）第六条第一款的政令。

（十三）制定、修改和废止《应对疯牛病特别措施法》（2002 年第 70 号法律）第七条第一款、第二款的厚生劳动省令。

（十四）除前各项所列之外，以政令规定的其他事项。

对于前款但书的情形（限于各有关大臣认为是第十一条第一款第三项的情形），相关各个大臣应当制定食品安全政策后的一定期间内将其要旨向委员会报告，听取委员会的意见。

除第一款规定外，各有关大臣认为对制定食品安全政策有必要的，可听取委员会的意见。

（要求提供资料等）

第二十五条　委员会在对其所辖事物履行其职责时，如认为有必要，可要求有关行政机关随时提供相关资料，表明意见，进行说明以及提供其他必要的帮助。

（委托调查）

第二十六条　委员会在认为有必要对其所辖事物进行调查时可委托独立行政法人、一般社团法人、一般财团法人、企业以及其他民间团体、都道府县的试验研究机关和有学识经验者进行必要的调查。

（紧急时的请求）

第二十七条　为了应对造成或可能造成食品安全重大损害的紧急事态，委员会认为有必要的，可请求国家的相关行政机关的试验研究机关实施食品影响健康评价所必要的调查、分析和检查。

国家有关的行政机关的试验研究机关，按前项规定在接到委员会的请求时，应立即着手实施对所要求的事项进行调查、分析或检查。

为了应对造成或可能造成食品安全重大损害的紧急事态，委员会认为有必要的，可要求相关各个大臣根据《独立行政法人国立健康、营养研究所法》（1999 年第 180 号法律）第十三条第一款规定提出请求，《独立行政法人国立健康、营养研究所法》（1999 年第 183 号法律）第十二条第一款、《独立行政法人农业、食品产业技术综合研究机构法》（1999 年第 192 号法律）第十八条第一款，《独立行政法人农业环境技术研究所法》（1999 年第 194 号法律）第三条第一款、《独立行政法人水产综合研究中心法》（1999 年第 199 号法律）第十五条第一款的规定提出请求。

（组织）

第二十八条 委员会由七名委员组成。

三名委员为兼职。

（委员的任命）

第二十九条 委员从优秀的食品安全的有识之士中选出，经国会两院的同意，由内阁总理大臣任命。

委员任期届满或产生人员不足时，如果因国会闭会或众议院解散而无法获得国会两院的同意，内阁总理大臣可不必经过前款规定从具备同款规定资格者中任命委员。

前款规定的情形，应当在任命后首次国会上获得两议院的事后承认。如果不能得到两议院的事后承认，内阁总理大臣应当立即罢免该委员。

（委员的任期）

第三十条 委员任期为三年。但补任委员的任期为前任的剩余任期。

委员可以连任。

委员任期届满时，该委员应当继续履行职责至任命了后任者为止。

（委员的罢免）

第三十一条 内阁总理大臣认为委员存在身心障碍无法执行职务时，或者委员违反职务上的义务以及存在其他不适合委员从事的不良行为时，经两议院同意，可予以罢免。

（委员的服务）

第三十二条 委员不得泄露在行使职务时所获取的秘密，在退职后也应严格遵守保密原则。

委员在任职期间，不允许在政党、其他的政治团体中任职，不允许热衷于政治运动。

除非经过内阁总理大臣认可，专职委员在任期不许从事有报酬的其他职务，不得经营营利性企业，不得从事其他以金钱上的利益为目的的业务。

（委员的酬劳）

第三十三条 委员的津贴，由法律另为规定。

（委员长）

第三十四条 委员会设委员长，委员长由委员从专职委员中互选确定。

委员长总理会务，代表委员会。

委员长发生事故时，由委员长预先指定的专职委员代理其职务。

（会议）

第三十五条 委员会由委员长召集。

委员会在委员长和三名以上委员出席时，方可召开会议、作出决议。

委员会的议事，经出席者过半数同意决定，可否人数相同时，由委员长决定。

委员长出现事故时，对于第二款规定的适用，第三十四条第三款规定的委员视为委员长。

（专门委员）

第三十六条 委员会在对专门的事项进行调查审议时，可设立专门委员会。

专门委员是从富有学识和经验的人员中选拔，由内阁总理大臣任命。

专门委员在调查审议该专门事项终了时解任。

专门委员是兼职。

（事务局）

第三十七条 为处理委员会的事务，可设委员会事务局。

在事务局中，除事务局长外，还要配有所需的职员。

事务局长由委员长任命，管理局务。

（委任于政令）

第三十八条 除本章的规定外，委员会的必要事项，由政令规定。

附　　则

（施行期日）

第一条 本法律从公布之日起的三个月内由政令规定实施日期。但第二十九条第一款中有关获取两院同意的部分，由公布之日起实施。

（最初委员的任命）

第二条　本法实施后，对于任命最初的委员会委员，在国会闭会或由于众议院解散不能得到两院批准时，适用于第二十九条第二款及第三款的规定。

第三条　　（略）

（部分修改《药事法》和《采血供血业取缔法》的法律的部分修改）

第四条　　（略）

（部分修改《独立行政法人农业技术研究机构法》的法律的部分修改）

第五条　　（略）

（部分修改《独立行政法人水产综合研究中心法》的法律的部分修改）

第六条　　（略）

［《内阁府设置法》（1999 年第 89 号法律）的部分修改］

第七条　　（略）

（研究）

第八条　为了确保食品的安全，政府审视各种政策的国际动向以及其他社会经济形式的变化，研究本法的施行状况，如果认为有必要，根据其结果采取所需的措施。

日本食育基本法

目　录

前　言

为了我国在二十一世纪的发展，在培养儿童有健全的身心和具有能展翅飞向未来和国际社会的能力的同时，确保全体国民的身心健康和一生都能健康地生活是相当重要的。

为了培育孩子们形成丰富的人性以及拥有生存的能力，"食"是最重要的。现在，再一次将食育放在生存之基本，智育、德育和体育之基础位置的同时，力求推进通过各种各样的经验来学习与"食"相关的知识及对"食"的选择能力、开展以培育能实践健全的饮食生活的人为目的的食育活动。当然，食育对所有年龄段的国民来说都是必要的。对孩童而言，食育对孩童的身心成长以及人格的形成都有着很大的影响，食育是在一生中培育健全的身心和丰富的人性的基础教育活动。

另一方面，在社会经济形势不断变化之下，人们在忙碌的日常生活中，正在逐渐忘记每天的"食"的重要性。就国民的饮食生活状况而言，在营养不均衡、饮食不规则、肥胖以及生活习惯病的增加、过度的瘦身等问题的之上，加之新的"食"的安全性问题、"食"对海外依存性问题的发生，在社会上和"食"相关的各种信息泛滥的情况下，无论是从改善饮食生活的方面，还是从确保"食"的安全方面来说，人们正在被要求自觉地学习有关"食"的各种各样的知识。而且，在有葱郁的绿色资源和充沛的水资源的大自然的恩惠下，由祖先们开创培养的，充满地域多样化和丰富的味觉感受以及文化气息的日本的"食"文化也正面临着丧失的危险。

在这样的围绕"食"的环境变化中，为了培养国民的关于"食"的思考方式、实现健全的饮食生活的同时，期待通过食育活动来促进都市和农村山村渔村的共生·交流，构筑关于"食"的消费者和生产者之间的信赖关系，使地区生活富有生气，继承和发展丰富的饮食文化，在推进和环境相协调的食料生产及消费的同时提高食料的自给率。

为了使每一个国民再次增强对"食"的意识，逐步加深对自然的恩惠以及对从事与"食"相关工作的人们所做的各种各样活动的感谢之意和理解，养成根据可信赖的有关"食"的信息对其进行适当判断的能力的基础上，为了增进身心健康和实践健全的饮食生活的目的，现在更应该以家庭、学校、保育所、地区等为中心，将食育作为国民运动来进行推进，这也正是要求我们要解决的课题。更进一步，我们也期待着我国的食育推进活动能通过与国外的交流而做出国际性贡献。

在此，明确食育的基本理念及其方向性，为了综合并有计划地推进国家、地方公共团体以及国民开展有关食育相关的活动，而制定了本法律。

第一章　总　　则

（目的）

第一条　随着近年来国民饮食生活环境的变化，鉴于为了培养国民在生涯中能养成健全的身心、形成丰富的人性，推进食育已经成了一个很紧要的课题。关于食育，本法在规定了其基本理念以及明确国家、地方公共团体等的责任的同时，在制定了有关食育的政策的基本事项的基础上，旨在综合并有计划地推进有关食育活动的措施，实现在现在以及将来使国民拥有健康并有文化气息的生活和建立充满活力的社会而做出贡献。

（为了增进国民的身心健康的和形成丰富的人性）

第二条　所谓食育是以通过养成有关食的正确判断能力、在生涯中实现健全的饮食生活，以增进国民的身心健康和形成丰富的人性为目的的必须进行的活动。

（对食的感谢之意和理解）

第三条 推进食育的同时，应该使国民进一步认识到饮食生活是建立在自然给予的恩惠和从事与食相关的人们的各种各样的活动之基础上的，加深对此表示感谢及理解的想法。

（展开食育推进活动）

第四条 推进食育为目的的活动，在尊重国民、民间团体等的自发的意愿、考虑到地区的特性、得到地区住民以及其他的各种各样的社会组成主体的参加和协助的同时，逐步达到携手合作，最终在全国范围内展开。

（针对孩童的食育，监护人、教育工作者等的职责）

第五条 对于父母以及其他的监护人而言，在认识到家庭在食育中有重要的作用的同时，对于担当孩童的教育、保育工作的人来说，也要自觉地认识到在教育、保育等中的食育的重要性，也必须积极致力于与孩童的食育推进相关的活动。

（与食相关的体验活动和食育推进活动的实践）

第六条 食育是广大国民利用家庭、学校、保育所、地区的任何机会任何场所，在进行从食料的生产开始到消费等为止的与食相关的各种各样的体验活动的同时，在以推进食育为目的的自发实践活动中，必须开展加深对食的理解的活动。

（充分考虑传统饮食文化、与环境相协调的生产等，在促进农山渔村的活力和提高食料自给率的方面做出贡献）

第七条 在考虑到我国优秀的传统饮食文化，在考虑到充分发挥地区特色的饮食生活和环境相协调的食料生产及消费等，加深国民对我国食料的需求以及供给的状况的理解的同时，通过加强食料的生产者和消费者之间的交流，以达到促进农山渔村的活性化和提高我国的食料自给率的目的。

（在确保食品的安全性等方面食育的职责）

第八条 鉴于确保食品的安全性，安心的消费是健全的饮食生活的基础，为了加深对食的知识的理解及能让国民实践合适的饮食生活，并力求逐步地开展国际连携的目的，必须积极地提供以食品的安全性为起点的广范围的有关食的信息以及开展与此相关的意见交换活动。

（国家的职责）

第九条 根据从第二条开始到前一条为止中所定义的关于食育的基本理念（以下称为"基本理念"），综合并有计划地制定有关食育推进的措施，并有使之实施的责任。

（地方公共团体的职责）

第十条 地方公共团体根据基本理念，关于食育的推进，力图和国家连携，充分发挥其地方公共团体的区域特性制定自主的措施，并且有使之实施的责任。

（教育工作者等及农林渔业工作者等的职责）

第十一条 从事教育和保育、护理以及其他的社会福利、医疗及保健（以下称为"教育等"）的工作者以及与教育相关的机关及团体（以下称为"教育相关工作者等"），有增进对食的关心和理解的重要职责，根据基本理念，在利用任何机会和任何场所在努力推进食育的同时，努力协助其他组织的食育推进活动。

农林渔业工作者及与农林渔业相关的团体（以下称为"农林渔业等"），鉴于与农林渔业相关的体验活动等对增进国民对食的关心和理解有重要的意义，根据基本理念，积极提供与农林渔业相关的多种多样的体验机会，关于自然的恩惠和与食相关的人们的活动的重要性，应在努力加深国民的理解的同时，与教育相关工作者等一起共同推进食育活动。

（食品相关工作者的职责）

第十二条 食品的制造、加工、流通、销售以及餐饮工作者以及组织团体（以下称为"食品相关工作者等"），根据基本理念，在从事其事业活动时，应自主努力积极地推进食育，并努力协助国家和地方公共团体实施的有关食育推进的对策以及其他的与食育推进相关的活动。

（国民的职责）

第十三条 国民在家庭、学校、保育所、地区以及任何其他场合，根据基本理念，在自我努力实现生涯中有健全的饮食生活的同时，也要为推进食育工作做出努力。

（法制上的措施等）

第十四条　政府为实施推进食育相关的政策，须制定必要的法制上的，财政上的措施以及其他的相关措施。

（年度报告）

第十五条　政府必须每年在国会上提出政府的有关食育推进工作的报告书。

第二章　食育推进基本计划等

（食育推进基本计划）

第十六条　食育推进会议，是为了综合并有计划地推进食育活动而成立的制定食育推进基本计划的组织。

食育推进基本计划，是来决定以下所揭示的事项：

一、有关食育推进措施的基本方针；

二、有关食育推进的目标的事项；

三、有关综合地促进国民等的自发的食育推进活动等的事项；

四、除前三项中所揭示的内容之外，其他的为了综合有计划地推进食育活动所必要的事项。

食育推进会议根据第一项的规定在制订食育推进基本计划时，须迅速及时地向内阁总理大臣汇报并通知相关行政机关长官，并公布其要旨。

前项的规定是为食育推进基本计划的变更备用的。

（都道府县食育推进计划）

第十七条　都道府县以食育推进基本计划为基础，必须努力制订该都道府县区域内的有关食育推进的实施计划（以下称为"都道府县食育推进计划"）。

都道府县（对于设置有都道府县食育推进会议的都道府县，都道府县食育推进会议）必须做成都道府县食育推进计划，并且在变更内容时须迅速地公布其要旨。

（市区街道食育推进计划）

第十八条　市区街道以食育推进基本计划（在已经制订都道府县食育推

进计划时，食育推进基本计划及都道府县食育推进计划）为基础，必须努力制订该市区街道区域内的有关食育推进的实施计划（以下称为"市区街道食育推进计划"）。

市区街道（对于设置市区街道食育推进会议的市区街道，市区街道食育推进会议）必须要制订市区街道食育推进计划，并且在变更内容时迅速地公布其要旨。

第三章　基本的措施

（在家庭内的食育推进工作）

第十九条　国家以及地方公共团体，制定有关使父母以及其他的监护者及其孩童能加深对食的关心和理解、建立健全的饮食习惯，提供亲子料理教室以及其他的既能培养良好的饮食习惯又能愉快进食机会的必要的措施；制定启发和提供普及有关健康美的知识及其他的适当的与营养管理相关的知识和信息的必要的措施；制定对孕产妇的营养指导以及以从婴幼儿开始的儿童为对象的，针对各个成长阶段的营养指导为在家庭内的推进食育活动提供支援。

（学校、保育所等的食育推进工作）

第二十条　国家以及地方公共团体，制定通过在学校、保育所等有效地促进具有魅力的食育推进活动，来达到使孩子们能实现健全的饮食生活以及健康的身心成长的目的。为制定学校、保育所等的食育推进方针的必要措施提供支援。设置适合食育指导的教职员工以及启发有指导立场的人员在食育推进活动中所应该发挥作用的意识，以及完备其他的与食育相关的指导体制的方面的必要的措施。制定在学校、保育所等实施有地区特色的学校配餐等，通过作为教育环节的农场实习，食品的制作，食品废弃物的再生利用等的各种各样的体验活动来促进孩童对食的理解，启发对过度的瘦身以及肥胖对身心健康的影响的认识的以及其他方面的必要的措施。

（推进地区的以改善饮食生活为目的的活动）

第二十一条　国家以及地方公共团体，为在地区内推进与营养、饮食习惯、食料的消费等相关的饮食生活的改善，通过预防生活习惯病来增进健康，应制定和普及启发与健全的饮食生活相关的方针。在地区培养具有食育推进专门知识的人才以及提高其素质和发挥其作用。推进在保健所、市区街道保健中心、医疗机关等的食育的普及及启发活动。在医学教育方面充实对有关食育的指导，为食品相关工作者等开展的以推进食育为目的的活动等提供支援开展必要的措施。

（食育推进运动的展开）

第二十二条　国家以及地方公共团体，制定在国民、教育工作者等、农林水产工作者等、食品相关工作者等其他的工作者或者这些组织团体以及为了安定和提高消费生活的民间团体的自发进行的与推进食育相关的活动的必要的措施；在充分发挥地区特色的同时，力求相互紧密合作在全国范围内展开的同时，为了促进相关工作人员之间的信息交流及意见交换，实施与食育推进相关的普及启发活动，指定重点有效的食育推进活动的期间以及其他方面的必要的措施。

国家以及地方公共团体在推进食育方面，鉴于义务活动者在举办以改善饮食生活为目的的活动以及其他的与食育推进相关活动中所起到的重要作用，在加强与这些义务活动者相提携的同时，对为充实这些活动制度必要的措施。

（促进生产者和消费者间的交流、与环境相协调的农林渔业活性化等）

第二十三条　国家以及地方公共团体通过促进生产者和消费者间的交流，在构筑生产者和消费者之间的信赖关系、确保食品安全性、促进食料资源的有效利用以及加强国民对"食"的理解和关心的同时，为了达到与环境相协调的农林渔业活性化的目的，促进在农林水产品的生产、食品的加工、流通等环节的体验活动，在农林水产物的生产地区内的学校配餐等的利用以及促进其他的在其区域内的消费、具有创新性地抑制食品废弃物的发生以及再利用等方面制定必要的措施。

（支援以继承饮食文化为目的的活动等）

第二十四条　国家以及地方公共团体为推进继承与传统的习惯以及礼法相结合的食文化、有地方特色的食文化等有我国传统的优秀的食文化的，在开展与此相关联的启发以及知识的普及及其他方面制定必要的措施。

（推进食品的安全性、营养以及其他的与食生活相关的调查、研究、信息提供以及国际交流）

第二十五条 国家以及地方公共团体为了能让所有国民能选择合适的饮食生活，在进行与国民的食生活相关的，包括食品的安全性、营养、饮食习惯、食料的生产、流通以及消费及食品废弃物的发生及再利用的状况等的调查研究的同时，在进行各种信息的收集、整理以及提供、建立数据库以及为了能及时提供其他的与食相关的正确信息方面制定必要的措施。

国家以及地方公共团体为了推进食育，在收集海外的食品安全性、营养、饮食习惯等与食生活相关的信息、促进食育研究者之间的国际交流、食育相关活动的信息交流等及其他的国际交流方面制定必要的措施。

第四章 食育推进会议等

（食育推进会议的设置以及所掌管的事务）

第二十六条 在内阁府设置食育推进会议。

食育推进会议主持以下所揭示的事务：

一、制订食育推进基本计划以及推进其实施；

二、除了前条中所揭示的内容之外，审议与食育推进相关的重要事项，以及促进有关食育活动的措施。

（组织）

第二十七条 食育推进会议是包括会长以及委员二十五人以内的组织。

（会长）

第二十八条 会长由内阁总理大臣担任。

会长总理会务。

在会长遭遇事故时，由事先被指名的委员代理其职务。

（委员）

第二十九条 委员由以下揭示的人员担当：

一、在内阁府设置法（平成十一年法律第八十九号）第九条第一项中规定的特别任命担当大臣，根据同项的规定受命掌管处理和同法第四条第一项第十七号中揭示的事项相关的事务以及同条第三项第二十七号的三中揭示的事务（以下称为"食育担当大臣"）；

　　二、食育担当大臣以外的国务大臣的参加由内阁总理大臣指定其人选；

　　三、从有丰富的食育知识和经验的人选中，由内阁总理大臣任命其人选前项第三号的委员，是非常勤人员。

（委员的任期）

第三十条　前条第一项第三号的委员的任期为二年。但是，候补委员的任期是前任者的剩余期间。

前条第一项第三号的委员可以再任命。

（政令的委任）

第三十一条　本章中所规定的内容之外，与食育推进会议的组织以及运营相关的必要事项，由政令来规定。

（都道府县食育推进会议）

第三十二条　都道府县对于其所在区域内的食育推进工作，为了推进都道府县的食育推进计划的制订以及实施的，根据条例的规定能设置都道府县食育推进会议。

与都道府县食育推进会议的组织以及运营相关的必要事项，由都道府县的条例来规定。

（市区村食育推进会议）

第三十三条　市区村对于其所在区域内的食育推进工作，为了推进市区村食育推进计划的制订以及实施，根据条例的规定能设置市区村食育推进会议。

市区村食育推进会议的组织以及运营相关的必要事项，由市区村的条例来规定。

附　　则

（实施日期）

第一条　自公布之日起算在不超过一个月的范围内从政策令规定的日期

开始实施。

（内阁府设置法的一部分修正）

第二条 内阁府设置法的一部分按以下内容进行修正：

第四条第一项上加上下面的一号；

十七以推进食育为目的的基本政策的相关事项；

第四条第三项第二十七号的二的目次上加上以下的一号；

二十七的三食育推进基本计划〔《食育基本法》（平成十七年法律第六十三号）被称为是第十六条第一项中的规定内容〕的制定以及与推进的相关事项。

（少子化社会对策会议）

第三条 少子化社会对策基本法食育推进会议食育基本法少子化社会对策会议少子化社会对策基本法。

（理由）

第四条 近年随着国民的饮食生活环境的变化，为了培养国民在生涯中拥有健全的身心、养成丰富的人性，推进食育活动是一个紧要的课题。为此关于食育，在制定其基本理念，以及明确国家、地区公共团体等的职责的同时，有必要制定与食育相关的政策的基本事项。这就是提出本法律案的理由。

后　记

　　12月的成都已然笼罩在浓浓的雾气之中。在书稿修改完成之际首先要特别感谢我的恩师重庆大学法学院曾文革教授。曾老师在学习和生活上对我的包容、陪伴和支持，鼓励我走过了求学路上最重要、最艰难的阶段。即使毕业多年，曾老师仍在关心我在新单位是否适应，研究方向是否集中，课题进展如何，甚至职称是否解决。

　　同时，还要感谢集乐观、智慧、帅气于一身的副导师宋宗宇教授。与宋老师相识于17年前，之后有幸得宋老师指导，一路过来，如果没有您的鼓励和恰到好处的"口头表扬"，我想我也走不到今天。您不失时机地给予我许多学习的机会，教会了我宝贵的学习方法，这使我现在以及今后的学习和研究中受益匪浅。正是因为有了你们的传道解惑，我的学业与研究才能得以顺利地开展。

　　感激父母的一路支持和鼓励，30多年的辛勤养育，你们的无私奉献，总是让我感到无以报答。感谢先生在我海外求学多年后，领着我慢慢适应国内的学习、生活。感谢公婆如同爱护女儿般照顾、关心着我，为我解除一切后顾之忧。还要感谢儿子的乖巧懂事。在书稿修改期间每晚监督妈妈"做作业"。

　　食品安全问题不仅关乎人类的生命健康和经济的发展，还关系到社会的安定和双边、多边关系的稳定发展，是值得长期深入研究的课题。在面对中日贸易食品安全问题时，除了加强食品安全的标准化建设，应对不合理食品安全准入标准，强化食品供应链的质量监控，提升检验检疫技术，理顺食品安全监管体系，建立食品安全风险管理机制外，还应利用 WTO 争端解决机制来解决双方因食品安全问题引发的纠纷。同时，在多边谈判中，中国应积极促进多哈回合农业谈判在农产品贸易的市场准入条件、国内支持等议题的进展，促进在优势产品上的出口。

王 怡

2018 年 2 月于成都